4.

Klaus J. Stöhlker

Schweiz im Blindflug

Klaus J. Stöhlker

Schweiz
im Blindflug

Das Ende der letzten Staatsutopie

orell füssli Verlag AG

© 2002 Orell Füssli Verlag AG, Zürich
www.ofv.ch
Alle Rechte vorbehalten

Illustration: Mario Moths, Bern
Umschlaggestaltung: cosmic Werbeagentur, Bern
Druck: fgb • freiburger graphische betriebe, Freiburg i. Brsg.
Printed in Germany
ISBN 3-280-05005-7

─────

Die Deutsche Bibliothek – CIP-Einheitsaufnahme

Stöhlker, Klaus J.:
Schweiz im Blindflug : das Ende der letzten Staatsutopie /
Klaus J. Stöhlker. – Zürich : Orell Füssli, 2002
ISBN 3-280-05005-7

Inhaltsverzeichnis

Vorwort 7

Der Traum einer Elite 9

Der Zusammenbruch der alten Eliten 15

Die Verschlechterung der Lebensbedingungen 21

Bedrohte nationale Kohärenz 26

Ist die Sorge berechtigt? 28

Das Reduit als geistige Haltung 35

Das Morgen ist tabu 44

Die Schweiz im Blindflug 48

Tabu-Zone Nr. 1:
Überalterung und Immigration 59

Tabu-Zone Nr. 2:
Die Steuern 62

Tabu-Zone Nr. 3:
Die Elite der Gutmenschen 65

Tabu-Zone Nr. 4:
Die Aufarbeitung der Vergangenheit 67

Tabu-Zone Nr. 5:
Stagnation und neue Wüsten 69

300 Tage, welche die Schweiz verändern 80

Warum wird die SVP wählbar? 87

Schafft die FDP eine Renaissance? 91

CVP – ein Single sucht Anschluss 93

SP – Chaos von hohem Unterhaltungswert 94

Wonach ist der Bundesrat zu beurteilen? 96

Die Bündnisse zerbrechen 101

Die Schlüsselfrage: Wem vertrauen? 112

Woran sind demokratische Politiker zu erkennen? 122

Thema 1: Stil der Kommunikation 125

Thema 2: Die «Expo.02» 126

Thema 3: Der faire Steuerwettbewerb 127

Thema 4: Der demografische Wandel zum Alter hin 128

Thema 5: Der Beitritt zur EU 130

Thema 6: Die Zusammenarbeit mit den Medien 133

Der Traum von einer besseren Schweiz 135

Pessimismus – oder gibt es eine Chance? 145

Vorwort

Die letzte Staatsutopie der Welt geht mit der Schweiz ihrem langsamen, im Unterschied zu dem ihrer Vorgängerinnen, geregelten Ende entgegen. Der Traum einer besseren Schweiz, geschaffen von Alemannen und Kelten, wo Freiheit, Wohlstand und friedliche Mitbestimmung das Miteinander regeln, ist im Begriff, sich aufzulösen. Er macht einer Kultur Platz, die cyberkulturell ist, die das Ende einer 700-jährigen Geschichte bedeutet, die seit 150 Jahren wie keinem anderen Volk auf der Erde Selbstbestimmung, Wohlstand und Frieden beschert hat.

Die Schweiz tritt in ein globales Weltbürgertum im Zeichen der «pax americana» ein. Ihre Politiker, Philosophen und Schriftsteller haben die Kraft nicht mehr, die in Jahrhunderten aufgebaute Eigenständigkeit zu begründen. Es ist die Chance der Schweiz, dem früheren europäischen Beispiel der Schotten nicht unähnlich, die sich erst im grösseren England entfalten konnten, im Rahmen der Europäischen Union Gleiches zu tun.

In den kommenden 300 Tagen bis zu den Parlamentswahlen im Herbst des Jahres 2003 wird sich zeigen, ob die Erhaltung der Staatsutopie Schweiz nochmals bestätigt wird oder ob die Stimmbürger unter dem Druck der wirtschaftlichen, sozialen und politischen Veränderungen den Weg in die europäische Gemeinschaft suchen werden.

Dieses Buch ist die Fortsetzung von «Bedrohte Schweiz – wohin?», das ich schon 1995 formulierte. «Schweiz im Blindflug – das Ende der letzten Staatsutopie» schrieb ich in den Oberwalliser Schattenbergen in Unterbäch, wo sich die Tunnels, die den Fortschritt bringen, durch den Lötschberg bohren und die Autobahn vom Westen zum Simplon hin vordringt.

Zollikon, im August 2002
Klaus J. Stöhlker

Der Traum einer Elite

Ein kleines Volk von kaum drei Millionen Einwohnern, das auch hundert Jahre später nur gut doppelt so viele Menschen zählt, hat seinen Traum von Selbstbestimmung, Wohlstand und Frieden in einem Masse verwirklicht, wie dies noch keinem anderen Volk in der menschlichen Geschichte dauerhaft gelungen ist. Es schuf sich ein Land, zuerst frei von Kaisern und Königen, dann frei von nationalen Diktatoren, frei auch von Wirtschaftsfürsten, welche das Land und seine Währung über Gebühr belasteten. Im Gegenteil: Dieses Land war offen für eine expandierende Binnenwirtschaft, öffnete sich auch ausländischen Unternehmern, die Innovation, Arbeitsplätze und Reichtum hereinbrachten. Es war ein Hort der Freiheit nicht nur für seine Bürger, die selbstbewusst ihren Wohlstand mehrten und die Künste wie die Wissenschaften förderten, sondern auch für Tausende von Flüchtlingen aus ganz Europa, die dieses Land der Freiheit als Hort der Sicherheit, dann auch der Sehnsucht aufsuchten.

Dieses Land, die Schweiz, wurde von einer liberalen Jugendrevolte in die Zukunft geschleudert. Die Unternehmer und Politiker, welche dieses Werk leisteten, waren oft kaum dreissig Jahre alt. Sie zerbrachen die sozialen und politischen Ketten der alten Stände und schufen, was seither in der Welt Bewunderung erregte. Ein Land, gemessen an allen anderen, fast ohne Fehl und Tadel, ebenso verwurzelt in seiner Geschichte der Freiheit und Selbstbestimmung wie wirtschaftlich und kulturell fortschrittlich.

Diese Schweiz, von der hier die Rede sein soll, war das Werk einer Elite, überzeugt von der historischen Stunde des Landes. Es war eine Bildungs- und Wirtschaftselite, die sich aufmachte, die notwendigen Reformen durchzusetzen. Diese mit dem Jahr 1848 verbundene zukunftsgerichtete Elite hat eine Schweiz geschaffen, die 150 Jahre lang ihren Ruf als erstrebenswertestes Land der Erde aufbauen und verteidigen konnte. Das Selbstverständnis der heute älteren Generation beruht auf diesen Leistungen ihrer Vorfahren; erst die jüngste Generation fragt sich, wo sie heute zu Hause ist: in diesem Land weitgehend vergessener Ahnen oder in einer Welt, die seit wenigen Jahren einem neuen Aufbruch entgegenstürmt, wie er seit einem Jahrhundert nicht mehr gesehen wurde.

Die Schweiz ist in diesen 150 Jahren zwischen 1848 und der Wende zum 21. Jahrhundert zum erfolgreichsten Staat der Menschheitsgeschichte geworden, der seinen Bürgern ein Mass an politischer Beteiligung und wirtschaftlicher Sicherheit verschaffte, wie es nie zuvor in der Menschheitsgeschichte der Fall gewesen ist.

Während das Land seinen Aufstieg gestaltete, stürzten zuerst die Kaiser und Könige. Der Zusammenbruch des deutschen Kaiserreichs machte die Schweiz nur stärker, der Zusammenbruch der Monarchie in Wien liess einen mächtigen Erzfeind im Osten des Landes zersplittern. Auch das Grossreich der Osmanen ging zugrunde. Noch lebten die Imperien der Franzosen und der Engländer. Es sollten nur weitere fünfzig Jahre vergehen, bis diese im Zug der Befreiungsbewegungen zerfallen waren. Franzosen und Engländer wurden, ungeachtet des Reichtums ihrer Eliten, arm, gemessen am Wohlstand der Schweizer. Der Mythos der Alpenrepublik als Hort der Sicherheit, von «gnomenhafter» Zurückhaltung, wuchs.

Der Aufstieg der Diktaturen, der nationalsozialistischen und faschistischen wie der kommunistischen, liess den Kern der Schweiz unberührt. Hitler, Stalin und Mussolini, welche die Grenzen bedrohten, wurden mit einer Politik der Selbstbehauptung im Grundsätzlichen und Anpassung im weniger Bedeutenden auf Abstand gehalten. Daraus entstand das Bild des Igels, der sich nach aussen wehrt, um sein Innerstes zu bewahren. Das Schweizer Selbstbewusstsein, in vielem schon damals gefährdet, erreichte in diesen Jahren einen neuen Höhepunkt. Es sollte nicht die letzte Etappe auf dem Weg zu einem glanzvollen Welterfolg werden.

Die zweite Hälfte des 20. Jahrhunderts liess die Schweiz in die absoluten Spitzenränge der Weltwirtschaft vorrücken. Es gab kaum eine Statistik, sei es über Computerdichte pro Kopf der Bevölkerung oder deren Wohlstand, wo nicht Schweizer auf den drei ersten Plätzen lagen. In einem Triumphzug ohnegleichen expandierten der Maschinenbau, die Banken und Versicherungen und die Touristik. In ihrem Schlepptau folgten die Landwirtschaft und viele Dienstleistungsfirmen.

Zum zweiten Mal war es eine Elite weltoffener Politiker und Unternehmer, welche die globale Expansion der Schweiz anführte und vorantrieb. Die bestens erhaltene Produktionsbasis aus dem Zweiten Weltkrieg, die finanziell hervorragend ausgestatteten Banken und Versicherungen expandierten in die Weltmärkte, unterstützt von einer Regierung, die auf

Aussenpolitik wohlweislich verzichtete, um die grosse Zeit der Aussen*wirtschafts*politik zu ermöglichen.

Vor dreissig Jahren begann diese grosse Zeit zu Ende zu gehen. Die meisten Menschen waren sich des Wandels keineswegs bewusst. Sie kämpften sich durch die erste und zweite Ölkrise, erlebten vor zwanzig Jahren einen ersten überraschenden Inflationsschub, der rasch unter Kontrolle gebracht wurde. Langsam wurden die wirtschaftlichen und politischen Schatten über dem Land und seinen Menschen länger. Das Wachstum der Konzerne, der Banken und Versicherungen überdeckte die stagnativen Erscheinungen in vielen Branchen.

Der Schwung der späten Erfolge, auch die zunehmende internationale Erfahrung von Unternehmern, Managern und Wissenschaftern, liess eine Fülle junger Unternehmen entstehen und wachsen. Wer dies nicht als gute Zeichen interpretierte, machte sich rasch unbeliebt.

«Mehr Freiheit, weniger Staat» verlangte die staatstragende Freisinnige Partei, die Trägerin der liberalen Erfolge über mehr als hundert Jahre. Schon während sie dies formulierte, begannen die Schuldenberge des Bundes anzuwachsen. Der Staat übernahm seither in der Schweiz, und dies seit dreissig Jahren immer schneller, die Rolle des Motors für immer grössere Teile der binnenwirtschaftlichen Entwicklung. Waren die achtziger Jahre schon von zunehmender wirtschaftlicher und politischer Hektik gekennzeichnet, sollten die neunziger Jahre zum Fanal für die sich auflösende erfolgreiche Schweiz zweier Jahrhunderte werden.

Die erfolgreichen Börsengänge der achtziger Jahre hatten zweierlei zur Folge: Die wirtschaftlichen Unterschiede in der

Schweiz wuchsen stark an. Erstmals sprach und schrieb man von Milliardären im eigenen Land. Gleichzeitig drohte die Abkoppelung von der stagnierenden Westschweiz, die gerade erst im Begriff war, ihre Uhrenkrise zu überwinden. Von einem wirtschaftlichen Gleichgewicht der Kantone konnte schon lange nicht mehr die Rede sein, aber jetzt nahmen die Ungleichgewichte langsam und ernsthaft zu. Dieser Trend wurde seither nicht mehr gebrochen, sondern nur noch verschärft. Der Anteil der Westschweizer Kantone an der wirtschaftlichen Wertschöpfung der Schweiz ist anhaltend rückläufig; regionale Aufschwünge wie im Raum Lausanne ändern daran nichts. Die Zeit der Defizite sollte beginnen – der Negativtrend ist seither ungebrochen.

Das Volk, noch berauscht vom wirtschaftlichen Aufstieg, merkte nichts von den langsamen wirtschaftlichen Veränderungen. Die Börsenhausse in den achtziger Jahren brachte vielen, wenn auch nicht allen, Vermögen. Bundesregierung und Kantone investierten in grosse öffentliche Bauprogramme, sodass die ohnehin immer gehegte lokale Bauwirtschaft keinen Grund zur Klage hatte. Die aufblühende Tourismusindustrie und die expandierende Swissair führten zu einem Boom an Auslandreisen, der den wackeren Eidgenossen erst einmal zeigte, wie gut es ihnen im Vergleich zu den Bewohnern vieler anderer Staaten ging.

Die SRG als nationale Radio- und Fernsehgesellschaft feierte die Erfolge des Landes. Die Schweiz begann, sich eigentlich nur noch an den USA zu messen, die als brüderliches Land von gleicher Art und Mentalität betrachtet wurde. England, Frankreich und Italien brauchten lange, um sich von den

Kriegsfolgen zu erholen. Ferien in Cattolica und an der Côte d'Azur bestätigten die Schweizer darin, selbst in einem gelobten Land zu leben. Touristen und Geschäftsleute strömten in die Schweiz, machten Wirte, Hoteliers und Juweliere reicher und lobten die Schweizer für ihre Meisterschaft in Sachen der vernünftigen Lebensführung.

Auch die anderen Schweizer Medien erlebten zusammen mit dem Aufschwung der Wirtschaft eine grosse Zeit mit zahlreichen Neugründungen und Innovationen. Die «Neue Zürcher Zeitung» wurde zum immer mächtigeren Flaggschiff der Schweizer Wirtschaft. Ein Bannwald der Demokratie mit über hundert Vollredaktionen pflegte das Selbstvertrauen von Inserenten und Lesern. Dieser selbstreferentielle Taumel des Erfolgs hielt bis tief in die achtziger Jahre an. Ein «La Suisse n'existe pas» an der Weltausstellung in Sevilla konnte als frühes Zeichen des Zweifels daran nichts ändern.

Der Zusammenbruch der alten Eliten

Das Ende des ersten Börsenbooms in den achtziger Jahren fiel zusammen mit der Kopp-Krise, die ihren Höhepunkt fand im erzwungenen Rücktritt der ersten Schweizer Bundesrätin Elisabeth Kopp. Der Sturz der Bundesrätin war nur möglich, weil die Freisinnige Partei der Schweiz bereits deutliche Führungsschwächen aufwies. Der Parteivorstand war nicht mehr in der Lage und willens, die als fachlich qualifizierte Magistratin im Amt zu halten. Ihr Sturz bedeutete den Aufstieg von drei Persönlichkeiten, die das Schicksal der Schweiz bis zum heutigen Tag beeinflussen sollten.

Der erfolgreichste Aufsteiger der Nach-Kopp-Ära war der junge linke Anwalt, Zürcher Regierungsrat und SP-Nationalrat Moritz Leuenberger. Von einem Theologen abstammend, nahm er im Lauf seiner Karriere immer mehr in Körperhaltung und sprachlichem Duktus eine christlich-aufklärerische Haltung an. Seine politische Verklärung erlebte er als Grossinquisitor eines Fichenskandals, wo er im Auftrag des Parlaments nachweisen konnte, dass Zehntausende von Schweizern zur Zeit des Kalten Krieges von den Behörden detailliert überwacht worden waren. Als Bundespräsident stilisierte sich Leuenberger zum kritisch-besorgten Schweizer Intellektuellen, der auf sich selbst bezogen kritische Intelligenz keineswegs schätzte. In seiner Rolle als Bundesrat gleicht Leuenberger eher einem Kapitän Ahab, der sich in den Amtsgeschäften

seines Ämter-Wals verfängt. Es muss ihm und seiner sozialdemokratischen Generation zugute gehalten werden, dass sie
kulturellen Belangen gegenüber stets aufgeschlossen waren,
wobei nie klar wurde, wo dies echtes Engagement bedeutete
oder allein cleveres Wahlkampf-Management nach dem Vorbild des englischen Sozialdemokraten Tony Blair.

Der zweite erfolgreiche Aufsteiger war Bundesrat Kaspar
Villiger, ein mittelständischer Zigarrenhersteller aus der In-
nerschweiz, dessen grösste unternehmerische Leistung der
Aufbau der bedeutendsten Schweizer Veloproduktion gewesen ist, die inzwischen nach Deutschland verlagert wurde.
Kaspar Villiger ist der Prototyp des ehrlichen, bedächtigen
Schweizers, der allen Parteien zuhört und dann eine mittlere
Lösung vorschlägt. Diese mittleren Lösungen, die er stets auch
als Bundesrat vertreten hat, sind der Schweiz im Ganzen nicht
gut bekommen. Die Armee hat unter seiner politischen Verantwortung einen kleineren Modernisierungsschub erlebt.
Entscheidend waren die Käufe US-amerikanischer Kampf-
flugzeuge, deren infrastrukturelle Betreuung die Schweiz dazu zwang, in den Einflussbereich der NATO einzutreten. Als
Finanzminister hat er – gegen alle Beteuerungen – den Weg
in die Defizite fortgesetzt. Seine Partei, die Freisinnigen, hat
er der Wirtschaft und vor allem den Konzernen – mehr ent-
fremdet als angenähert. In Sachen EU-Beitritt war er schwan-
kend und zögernd.

Auch beim dritten Aufsteiger handelt es sich um ein Schweizer politisches Urgestein, den Urner Franz Steinegger, der sich
nationale Meriten erwarb, als er seinen Kanton nach einer ka-
tastrophalen Überschwemmung schützte und wieder auf-

räumte. «Krisen-Franz», der lange mit Villiger um den frei werdenden Bundesratssitz gekämpft hatte, musste sich mit dem FDP-Parteivorsitz bescheiden, versäumte es jedoch, das Profil der Partei in Wirtschaftsfragen zu erhalten und pendelte politisch in einer «Furka-Koalition» mit seinem SP-Kollegen und Nachbarn Peter Bodenmann, der im benachbarten Wallis einen ähnlich rustikalen Stil pflegte. Steinegger, mehrfach krisenbehafteter Verwaltungsrat, ist heute politisch verantwortlich für die Landesausstellung «Expo.02», die Schweiz im beginnenden neuen Jahrhundert wieder zusammenführen soll.

Vergebene Liebesmüh, denn dem Zusammenbruch der alten Eliten des Landes sind bisher keine neuen gefolgt, deren Definitionsvermögen der Schwierigkeit der Lage angemessen wäre. Was aber heisst Zusammenbruch der alten Eliten?

Der Aufbau der Schweiz bis hin zu ihren goldenen Jahren im ausgehenden 20. Jahrhundert war geprägt von der Trinität der unternehmerischen Wirtschaftsführer, des Militärs und der Politik. Die beiden Staatskirchen hingen ihre Weihrauchwedel in die jeweils politisch korrekte Richtung. Das Bild des idealen erfolgreichen Schweizers setzte sich bis vor gut zehn Jahren aus drei Teilen zusammen: Unternehmer/Manager, Oberst bis hinauf zum Divisionär und Politiker, das heisst National- oder Ständerat.

Es war der Traum eines jeden staatstragenden Schweizers, diese dreifache Krone des Erfolgs zu tragen. Es war die Wirtschaft, welche diese nationale Allianz des Erfolgs aufzulösen begann. Mit der zunehmenden Internationalisierung der Unternehmen nahm die Bedeutung des Binnenmarktes ab. Wer wirtschaftlich Karriere machen wollte, erhielt keine Zeit mehr für eine Karriere im Militär oder der Politik, was früher selbstverständlich war. Wenige Ausnahmen bestätigen die Regel.

Verstärkt durch das Ende des Kalten Krieges und den Zusammenbruch der Sowjetunion, versank das Schweizer Militär in eine Sinnkrise, die es dazu veranlasste, den Sport und den inneren Bevölkerungsschutz aufzuwerten und zu integrieren.

Nichts half: Der Personalbestand musste massiv reduziert werden, die technologische Aufrüstung begann. Heute ist das Schweizer Militär im Begriff, fest in die NATO integriert zu werden. Was sonst bliebe ihm auch übrig?

Die Unternehmer zogen sich weitgehend aus der Politik zurück und delegierten die Einflussnahme an wenige Trägerschaften und Einzelpersönlichkeiten. Die finanzielle Grundausstattung der Parteien wurde gesichert, das Geld für unumgänglich notwendige Abstimmungskämpfe grosszügig bereitgestellt. Die neuen Unternehmer mehrten eifrig den «Shareholdervalue», ihnen entging aber, dass die Landesregierung keinen eigentlichen Sparauftrag hatte. Er wurde auch nicht als sehr dringlich betrachtet, da die Umstellung von den direkten zu den Konsumsteuern längst in Gang gekommen war.

Die grossen Konzerne und wendigen Holdinggesellschaften wurden immer mehr von Steuerzahlungen entlastet, während der Mittelstand in die Zwänge einer Steuerspirale geriet, die sich bis heute unvermindert dreht.

In dieser Situation relativer Freiheit von Druck aus der Wirtschaft und – noch – relativ reichem Bürgertum tat der

Bundesrat etwas Überraschendes. Er suchte die Einheit des erfolgreichen Schweizervolkes zu bewahren, indem er immer grosszügiger Steuergelder in alle Richtungen verteilte. Meistbegünstigte waren die Sozialfälle aller Art, von den Arbeitslosen bis hin zu den verwitweten Millionärinnen, denen aufgrund ihrer Witwenschaft Zuschüsse nicht verweigert wurden.

Viel Geld floss auch in die Hochschulen, wo die Institutschefs ein kunstvolles Zeremoniell entwickelten, möglichst hohe Fördermittel für oft unbegreifliche Zwecke zu erhalten. Studenten wurden nach Vietnam gesandt, um dort entlegene Volksstämme zu studieren. Berner Doktoranden beschäftigten sich mit dem Innovationsverhalten der heimischen Wirtschaft, ohne deren Niedergang aufhalten zu können. Mit einem komplexen Netz verschachtelter Subventionen begünstigte der Bundesrat politisches Wohlverhalten in Branchen und Kantonen. Die in beschleunigtem Rhythmus sich wiederholenden Neugruppierungen der Bundesämter vermehrten die Doppelfunktionen und Zahl hoher Ämter mit entsprechenden Einkommen und Vergünstigungen.

Die alten Schweizer Eliten wurden in diesem Prozess beschleunigter Veränderung an den Rand der Ereignisse gedrückt. Wo früher penible Sparsamkeit herrschte, wuchs nun die Vergeudung nach dem Motto «Reisli für die Parlamentarier, Flugzeuge für Bundesrat und Verwaltung».

Der Friede zwischen Arbeit und Kapital wurde ebenfalls teuer erkauft. Die direkten und indirekten Sozialleistungen an Arbeitnehmer aller Art wuchsen in bisher unbekanntem Masse an. Jeder dritte Schweizer erhält heute auf die eine oder andere Art Zuschüsse, um seinen Lebensunterhalt zu finanzieren. Dies aus einem einfachen Grund: Es wird für die Schweizer zu teuer, im eigenen Land zu leben.

Die Verschlechterung der Lebensbedingungen

Es gilt als ungebührlich, in einem sich als reich verstehenden Land von der allgemeinen Verschlechterung der Lebensbedingungen zu sprechen. Jegliche Form von Selbstkritik galt früher, in den Zeiten des Kalten Krieges, als Landesverrat. Moralischer Defaitismus war als Vorwurf nicht weit davon entfernt. Heute noch ist es schwierig, sich des Vorwurfs der Nestbeschmutzung zu entziehen, wenn man die Menschen und Dinge beschreibt, wie sie sind und nicht, wie sie sein sollten.

Der Stolz des Schweizers, der Schweizerin über das eigene Land ist gerechtfertigt. Doch sollte man dabei im Auge behalten, dass Ruf und Leistungen des Landes auf Vorgängen beruhen, die mehr der Vergangenheit als der Gegenwart zuzurechnen sind. Wer deshalb allerlei Tabellen zu Rate zieht und als Beweisführung verwendet, um die Spitzenstellung des Landes unter den rund 190 Nationen der Erde zu unterstreichen, liegt so falsch nicht. Es ist üblich, die wirtschaftliche Leistung der Schweiz auf die Pro-Kopf-Leistung zu beziehen. Vergessen wird dabei die Tatsache, dass sich unsere relative Performance, gemessen an anderen Wirtschaftszonen, laufend verschlechtert. Es ist erst hundert Jahre her, dass auch Argentinien sich in einer ähnlich guten Lage befand. Und heute?

Für sicher 30 bis 40 Prozent der Schweizer Bevölkerung haben sich in den letzten zwanzig Jahren die Lebensbedingungen verschlechtert. Das ist eine Tatsache. Gemessen am wirtschaftlichen Aufstieg benachbarter europäischer Gruppen in den ökonomischen Grossräumen Mailand–Turin, Barcelona–Madrid oder Hamburg, München, Stuttgart und Wien dürften noch mehr Schweizer relativ ärmer geworden sein. Wird dazu noch die Fähigkeit genommen, innovative Potenziale zu entwickeln, stellt sich die Frage der Bildung künftiger Reichtümer noch schärfer.

Schon vor sieben Jahren schrieb ich als Erster in «Bedrohte Schweiz – wohin?», eine vierköpfige Familie benötige, um gut schweizerisch leben zu können, mindestens Fr. 120 000.– pro Jahr. Inzwischen dürfte dieser Betrag auf mindestens Fr. 130 000.– angestiegen sein. Ein derartiger Lebensstandard kann nur von den wenigsten Normalverdienern aus eigener Kraft gesichert werden. Wer nicht über das Glück einer kleinen Erbschaft verfügt, ist auf die Mitarbeit der Ehefrau angewiesen. Eine wachsende Zahl von Menschen schiebt die Eheschliessung hinaus oder verzichtet sogar ganz darauf, nicht nur weil die gesellschaftlichen Beziehungen sich verändert haben, wie gerne gesagt wird, sondern weil die wirtschaftlichen Voraussetzungen zur Gründung einer Familie sich laufend verschlechtern und die Aussichten düster sind. Dies nenne ich Verschlechterung der Lebensbedingungen mit allen Konsequenzen für die klassische Schweizer Familie, wo man sich fünf oder mehr Kinder nur noch bei Millionären oder in Bergrandgebieten leisten kann, dies unter Berücksichtigung einer Unterstützung durch die Berghilfe oder die Höhenbeiträge des Bundes.

Die zunehmende Proletarisierung des Lebensstandards äussert sich auch im unfreiwilligen Verzicht auf die gewohnte

Lebensgemeinschaft. Der Schweizer ist stolz darauf, dass er sich zuerst als Bürger eines Kantons und einer Gemeinde und dann erst als Bewohner eines Landes namens Schweiz bekennt. Dieser sehr alte Brauch gerät in der jüngsten Generation in Vergessenheit. Natürlich bleibt man vielfach noch immer Basler, Bündner oder Vaudois, aber die Mentalität wird immer häufiger gross-zürcherisch als Massstab aller Dinge. Damit verlieren die Regionen an eigener Kraft und werden immer mehr zu Rückzugsgebieten für das Alter.

Schleichend findet die Verarmung auch im Wohnungsbau und in der Art der Ernährung statt. Aus den Bewohnern stolzer Bauernhäuser wurden im letzten Jahrhundert die Besiedler von Agglomerationen. Wie sich nun herausstellt, sind diese Agglomerationswohnungen, die heute vielleicht dreissig Jahre alt sind, grosszügig im Vergleich zu den Normalwohnungen, die jetzt gebaut werden. Alles ist kleiner, enger und teurer geworden. Was für den Wohnungsbau zutrifft, gilt auch für die Planung neuer Arbeitsplätze. Es sind gerade die talentiertesten Architekten, welche die Bürogaleeren der Gegenwart bauen. Die einzelnen Arbeitsplätze sind immer enger aneinander geschichtet, manchmal sogar versetzt übereinander, um freie Sicht nach aussen zu gewähren. Grosszügige Cafeterien und Aufenthaltsräume vermindern den Sozialdruck.

Kleiner und hoch technologisch werden auch die Küchen und, damit verbunden, die Essgewohnheiten. Während im ausgehenden 20. Jahrhundert die Zahl der kochenden Männer, die zu Hause eine neue Ess-Innerlichkeit pflegten, rasant zunahm, ist dieser Boom relativ gesunder Ernährung in kürzester Frist wieder zusammengebrochen. Ein zunehmender

Teil der jungen Generation lebt von einer Ernährung, die vielleicht noch den Körper, aber kaum noch den Geist stärkt. Die rasch wachsende Zahl der Schnelless-Restaurants macht den Trend noch deutlicher: «fooden» ist an die Stelle einer ausgewogenen Ernährung getreten. Die Folgen sind kaum absehbar.

Trotz rapide steigender Gesundheitskosten lebt die jetzt aufwachsende Generation nicht gesünder. Einzig auf dem Index der fettesten Erdenbürger schneiden die Schweizer noch ausgezeichnet ab. Am fettesten sind bekanntlich die Amerikaner, gefolgt von den Engländern und Ungarn. Die Schweizer liegen am Ende der globalen Skala der Fetten, nur von den Norwegern und Südkoreanern unterboten. Die erblich bedingte Tradition des Bergwanderns, der Bewegung in der Landschaft und die jüngere Sportbewegung haben Früchte getragen. Wie lange noch?

Der zu Recht verehrte Schweizer Franken ist ein Schleppanker, dem das Land und seine Menschen weiterhin viel verdanken. Wenn es tatsächlich gelingen sollte, die Zinsen trotz steigender Verschuldung (pro Kopf Fr. 28 000.–) durch Bund und Kantone tief zu halten, wird die relative Unzufriedenheit noch einige Zeit erhalten bleiben können. Was aber, wenn die Zinsen in der Mitte dieses Jahrzehnts oder später wieder steigen werden? Dann wird das langsam verarmende Schweizervolk die Sünden seiner Politiker bitter bezahlen müssen. Ein weiterer Wohlstandssturz ist nicht mehr ausgeschlossen.

Viele wiegen sich nach 150 Jahren unablässiger Erfolge in den wärmenden Strahlen einer «Soleil trompeur», wie ein berühmter russischer Film hiess, der die Stalin-Zeit beleuchtete.

Hinter der «Soleil trompeur» wartet der Schock der Anpassung an die wirtschaftliche Realität.

Eine normale Schweizer Familie mit einem Jahreseinkommen bis zu Fr. 90 000.– kann, je nach Kanton, mit einer relativ grossen Zahl von Zuschüssen, anständig leben. Ganz anders ist dies in den mittleren Einkommensklassen darüber bis zu Fr. 150 000.–, wo alle Zuschüsse entfallen und die Steuerkurve voll zur Geltung kommt. Diese Familien sind oft ärmer als jene mit einem tieferen Einkommen. Erst ab Fr. 150 000.– pro Jahr werden die Spielräume wieder grösser.

Weil die Beamten von Bund und Kantonen die Risiken einer derartigen Entwicklung sehen und dennoch die Freiräume der Verwaltung voll bewahren möchten, suchen sie die Steuerspirale zu beschränken und stattdessen die Gebührenspirale anzukurbeln. Das fällt weniger auf und verbessert oberflächlich die Optik.

Bedrohte nationale Kohärenz

Aus der Sicht von Zürich, Basel und Bern gibt es keine nationale Frage. Jeder Verzicht auf die nationale Kohärenz würde von diesen drei Machtzentralen des schweizerischen Selbstverständnisses schlicht als unverständlich bezeichnet. Die Kantone Thurgau, Aargau und Schaffhausen erfreuen sich einer lebendigen und jungen Wirtschaft von hoher Vitalität. Schon der Kanton St. Gallen muss aber mit Sorge betrachtet werden, da dort nach der Textil- auch die Branche der Maschinenbauer operative Schwächen zeigt. Wäre nicht die Universität St. Gallen als regionaler Wirtschaftsmotor erfolgreich, müsste man sich um die innovative Substanz dieses wichtigen Kantons von hoher Stabilität Gedanken machen.

Noch unangenehmer ist die Lage im Kanton Graubünden, wo der kurzfristige und auf Zeit widerrufene Auszug des World Economic Forums (WEF) mehr Schaden ausgelöst hat, als dies oberflächlich wahrgenommen wird. Ohne das Zentrum WEF, das den Bündnern die Universität St. Gallen ersetzte, hat der Kanton sehr stark an globaler Attraktion verloren.

Wilhelm Schnyder, Regierungsrat im Kanton Wallis, findet aus dieser Sicht die Lage in der Westschweiz noch weitaus bedrohlicher. Würden Genf und Lausanne die internationalen Institutionen verlieren, wäre in der Westschweiz eine veritable Krise wahrscheinlich. Schnyder, der schon bei einer Reihe nationaler Anliegen, wie der NEAT, eine nationale Mittlerrolle einnahm, verlangt für die Schweiz eine Politik der Stärkung der internationalen Organisationen. Ihre Bedeutung für die Stabilität des Landes werde in der deutschen Schweiz oft unterschätzt.

Für die kleineren Westschweizer Kantone, wie das Wallis, Fribourg oder den Jura, ist vorsichtiger Optimismus angesagt. Deren Wirtschaftslage könne sich weiter verbessern, würden zwei Faktoren ernst genommen und weiterentwickelt: einmal der Qualitätsgedanke, wie er in vielen kleinen Unternehmen vorgelegt werde, damit verbunden aber auch eine Änderung der Mentalität, die Abkehr vom fragmentierten Denken, wie Wilhelm Schnyder dies nennt. Der zu enge Bezug auf die eigene Scholle, auf den engsten Raum, stehe dem Wachstum im Wege.

Offensichtlich ist auch Bern mit seinem System des Finanzausgleichs zwischen den Kantonen noch nicht der Weisheit letzter Schluss gelungen. Schnyder spricht sich für eine Praxis aller Kantone aus, den Nehmerkantonen mehr Freiheit zu geben, was mit den Mitteln geschehen solle. Damit könne man die Anreize abbauen, das Geld nicht sinnvoll und haushälterisch auszugeben. Was damit entfällt, ist der Zwang, in Kantonen und Gemeinden Geld für Leistungen auszugeben, die eigentlich gar nicht notwendig sind. Die Freiheiten der Verwendung der Finanzmittel gibt verantwortungsvollen Regierungen und Politikern dann endlich die Chance zur zweckmässigen Investition.

Ist die Sorge berechtigt?

Der wirtschaftliche und politische Aufstieg des Landes war von der ersten Stunde an von Warnern begleitet. Einer der bedeutendsten war Gottfried Keller, zu lange nur als kritischer Heimatdichter vermittelt, in Wirklichkeit einer der bedeutendsten Schweizer Schriftsteller der Neuzeit und seiner eigenen Zeit weit voraus. Am Ende seines Lebens beklagte er den damals schon in seinen Augen herabgewirtschafteten «wahren liberalen Staat, die echte Demokratie, verkommen zu einer Fest-, Schwindel- und Kapitalhütte». Die Kritiker der Schweiz sollten bis in die jüngste Gegenwart Unrecht behalten. Noch über hundert Jahre nach Gottfried Keller sollten die Schweizer ihre Rechte weiter erkämpfen, vermehren und gegen Druck von aussen verteidigen. Eine stolze Geschichte für alle jene, die sie noch kennen und nachzuleben imstande sind.

Der Schriftsteller Jean Rudolf von Salis, den ich in seinen späten Jahren noch erlebte, liess es sich gerne gefallen, wenn man ihn feierte. Als offizieller Staatshistoriker der Schweiz, der 1940 beauftragt worden war, einmal wöchentlich am Radio eine «Weltchronik» vorzutragen, fühlte er sich ebenso geehrt wie missverstanden. Wo er Kritik an der Schweiz übte, stiess er auf eine eiserne Wand des Schweigens und der Ablehnung. Weltoffenheit war nicht erwünscht. Gerade die sich stets liberal und intelligent gebende «Neue Zürcher Zeitung» hat von Salis nie geschätzt. Sie hat stets und bis in die Gegenwart hinein den schmalen Grat an Freiheit definiert, den das jeweils regierende Kapital zu geben bereit war. Der Konflikt zwischen von Salis und NZZ-Chefredaktor Willy Bretscher war mehr als der Revierkampf zweier intellektueller Grossfürsten. Es war auf Schweizer Art der Kampf zwischen der bestimmenden Fraktion und den intellektuellen Minderheiten, die auf Abstand gehalten wurden. Bis in die Gegenwart.

Der Druck dieser Einheitsfront von oben hielt auch alle weiteren Angriffe gegen das allmählich erstarrende System des Landes, wie es von der deutschen Schweiz her geführt wurde, unter Kontrolle. Das galt für Karl Schmid und sein «Unbehagen im Kleinstaat» ebenso wie Max Imbodens «Helvetisches Malaise».

Diese Angriffe auf philosophisch-politischer Ebene gegen die herrschende Denkweise wurden von den Politikern und Parteien nicht ernst genommen, nicht vom Bundesrat und nicht von den Wirtschaftsführern. Es kann daher nicht erstaunen, wenn die staatspolitische Bewegung gegen die Normalität der Praxis bald den Atem verlor und aufgab. Kritische Professoren hatten seit den siebziger Jahren keine Chance mehr, in wichtige Ämter gewählt zu werden. Das Erfolgssystem Schweiz hielt sie auf Distanz und drängte vielversprechende jüngere ins Ausland ab.

Die Kritik der Schriftsteller blieb. Was Max Frisch und Friedrich Dürrenmatt begonnen hatten, eine sehr selbstkritische Hinterfragung des Bestehenden, wurde in einem zusehends vor Selbstvertrauen strotzenden Land amüsiert zur Kenntnis genommen. Die Akzeptanz beider Schriftsteller im Ausland schützte sie vor überzogenen Angriffen im eigenen

Land. Ein gewisser Stolz, sich auch kritische Geister leisten zu können, schwang durchaus darin mit. Doch verloren auch diese Angriffe mit der Zeit an Wucht und Einfluss. Paul Nizon rief 1970 nochmals um Hilfe mit seinem «Diskurs aus der Enge», weshalb ihm und allen ihm folgenden empfohlen wurde, vor dieser Enge den Staub von den Füsse zu schütteln, was er dann auch tat und nach Paris zog.

Das langsame Verstummen der kritischen Literaten wich einem Geist der Innerlichkeit und des um sich greifenden Mittelmasses. Wo der Ausbruch in den Aufbruch verbaut war, glitten die Schriftsteller in die Idylle zurück, beschäftigten sich mit der Zerstörung der Umwelt und vor allem jener des eigenen Ichs. So erstickte der Aufbruch der «Gruppe Olten», verblich die Westschweizer Literatur und kam auch aus den anderen Sprachzonen des Landes nichts mehr von Bedeutung. «Pro Helvetia» förderte und feierte mangels intellektuellem Nachwuchs jedes aufkeimende Zeichen von Talent, um dann an diesem kolossal überhand nehmenden Mittelmass selbst zugrunde zu gehen. Diese Rastlosigkeit im Kulturellen fiel nicht weiter auf, weil man äusserst geschäftig und mit guter finanzieller Ausstattung jede Blüte auf dem eigenen Misthaufen zu einer Kulturpflanze höchster Qualität erklärte. Vom offiziellen Schweizer Radio und Fernsehen wurde diese Tendenz enorm unterstützt, um die geistige Eigenständigkeit sich selber und dem eigenen Volk zu beweisen. Nicht besser bei der Presse. Der langsame Niedergang der einst europäisch vorzeig- und lesbaren «Weltwoche» war nur ein Indiz dafür, dass neue kulturelle Massstäbe nicht vorhanden waren und gelobt wurde um des Lobens willen.

Gleiches gilt für die staatspolitische Diskussion. Sie fand nicht statt oder wurde in die Hände von Juristen gelegt, die alle unterdessen als notwendig erachteten Verfassungsänderungen unter dem Anschein von Erfolgsnachweisen stillschweigend begruben. Sie begruben damit auch die Hoffnung vieler, das Land könne von oben her, aus dem politischen Raum heraus, reformiert und modernisiert werden. Der Hauptsatz des Landes: «Es is scho rächt so» behielt volle Gültigkeit.

Die abnehmende politische Selbstverpflichtung vieler Unternehmer brachte auch von dieser Seite keine Unterstützung. Die Anstösse kamen selten und zielten zunehmend darauf ab, die Globalisierung der Schweiz zu beschleunigen, um den Unternehmen neue Märkte zu öffnen. Ein gutes Beispiel dafür waren Landerechte für die Swissair in den USA. Man gab dafür einen wichtigen Teil der Kulturhoheit des Landes auf, indem im Gegenzug in der Schweiz die Vertriebsmöglichkeiten für amerikanische Filme wesentlich verbessert wurden.

Stephan Schmidheiny, aus einer Industriellenfamilie, die sich um den Aufbau des Landes verdient gemacht hatte, liess in der «Neuen Zürcher Zeitung» sein Pamphlet «Das Ende des Sonderfalls» veröffentlichen. Einerseits hatte er wohl Recht, denn die zunehmende Verschlechterung der internationalen Positionierung des Landes konnte ihm nicht entgangen sein. Anderseits rührte er keinen Finger, sich aktiv für die Erhaltung der Werte des Landes einzusetzen und nahm damit vorweg, was einige Jahre später der Financier Martin Ebner zur vollen Blüte bringen sollte: «Keinen Rappen für das Land ausser den absolut notwendigen Steuern.»

Das Engagement der Unternehmer für das Land erlosch. Isolierte Vorstösse, wie das «Weissbuch Wirtschaft» einer ganzen Reihe renommierter Unternehmer unter Leitung des früh verstorbenen David de Pury, eines Kleinadligen aus der Westschweiz, der sich mehr als Intellektueller denn als Unternehmer hervortat, wurden von einer Front kritischer Linker und Journalisten zurückgeschlagen. Dieser K.o.-Schlag fiel leicht, war das Buch an der Universität St. Gallen doch sehr hastig verfasst und ohne grosses Konzept präsentiert worden. Das Versagen des politischen Denkens der wirtschaftlichen Oberklasse wurde auch an diesem Beispiel überdeutlich.

Ein ähnliches Schicksal erlitt auch der bekannte Bankier Lukas Mühlemann, als er in einem «Magazin»-Artikel zur Überraschung aller einige Jahre später einen gleichartigen Vorstoss unternahm. Mühlemanns Thesen wurden geradezu brutal zurückgewiesen, was ihn seither nach aussen zum Schweigen bewog. Seine Schwierigkeiten als Verwaltungsrat der alten Swissair und der Zwang, die zweitgrösste Bank der Schweiz global auf Kurs zu halten, liessen sein erkennbares politisches Engagement in der Schweiz auf null zurückfallen.

Die Schweiz musste einem von aussen auferlegten grossen Veränderungsdruck standhalten. Gerade deshalb war Kritik, wie sich zeigt, in den letzten drei Jahrzehnten eine brotlose Kunst. Der Börsenboom der achtziger Jahre, der E-Business-Boom der neunziger Jahre, schufen erstmals wieder nennenswerte Vermögen. Sie lösten sich keineswegs alle wieder in Rauch auf, wie angenommen wurde, sondern es blieb Substanz zurück, die sich in einem Bauboom zeigte, der grosse Teile des Landes ergriff, vor allem die steuerbegünstigten Regionen.

Im Zürcher Opernhaus wurde der alte und neue Reichtum gefeiert. Die alten Millionäre und neuen Milliardäre spendeten grosszügig für gute Stimmen und eine flamboyante Ausstattung. Wenn der Intendant prozentual am Spendeneinkommen beteiligt war, entsprach dies nur dem Geist der Zeit: Performance wird bezahlt, der Rest muss sparen.

Ganz anders am Zürcher Schauspielhaus, das nach Jahrzehnten des Mittelmasses nun in die Ära eingetreten ist, wo man ein ähnliches Performance-Wunder wie an der Oper erwartete. Weit gefehlt. Christoph Marthaler, eine Art postmoderner Barockkünstler aus dem Hinterwald, entwarf vor allem eine skurrile Kunstfassade mit seinem eigenen Kopf als Symbol. Geboten wurde ein Charivari europäischen Kulturverschnitts, wo die Gesellschaftskritik mit der Piccoloflöte vorgetragen wurde.

Kultur, die sich nicht allzu kritisch zeigt, wurde in diesen Jahren massiv gefördert. Die Bürger von Luzern schenkten sich ein Musikzentrum von Weltklasse. Zu ihrer eigenen Überraschung kamen die ausserordentlichen Beträge für den Bau des Hauses zusammen. Wie ein hoch stehendes Programmangebot, das auch finanzierbar bleiben muss, für das ganze Jahr gesichert werden kann, ist heute jedoch noch weitgehend offen.

Ohnehin waren die beiden letzten Jahrzehnte des ausgehenden 20. Jahrhunderts eine grosse Zeit für Schweizer Architekten. Ein gutes Dutzend weltweit anerkannter Spitzenarchitekten erhielt Aufträge im eigenen Land, aber auch international. Die besten Architekten der Welt rissen sich darum, auch in der Schweiz zu bauen. Viele schöne Bauten entstanden, die von einer späten Blüte des eingesetzten Kapitals künden.

Die reiche Stadt Basel wurde von ihren Milliardären geradezu überschwemmt mit Stiftungen zugunsten der darstellenden Künste und des Theaters. So geschah es, dass Basel zu einem Zeitpunkt aus dem Schatten Zürichs heraustrat, als die Unsicherheiten zunahmen, ob die dort ansässige chemisch-pharmazeutische Industrie im Land bleiben würde. Der Auszug vieler in das neue Heilige Land des wirtschaftlichen Fortschritts, die USA, hatte nämlich längst begonnen.

Der «Mainstream des Erfolgs», ein schöner zeitgemässer Ausdruck, der aus den USA kommt, hatte zur Folge, dass die fortschrittlichen Kritiker der Schweiz langsam verstummten. Dafür begannen die rückschrittlichen Kritiker der Schweizer Praxis, die Mannen um den neuen Volksheros Dr. Christoph Blocher, das Land auf ihre Art in Frage zu stellen.

Das Reduit als geistige Haltung

Die sich seit fünfzig Jahren formende Europäische Union ist politischer Ausdruck der grössten Staaten Europas, ihre Wirtschaft global wettbewerbsfähig zu machen, die politische Integration untereinander zu verstärken und die sozialen Unterschiede in Europa zu verringern. Während die EU immer stärker wurde, sich Ziele setzte und diesen nachzuleben suchte, hat die Schweiz als Staat kein Ziel mehr zu formulieren vermocht ausser demjenigen, den von aussen kommenden Wandel nach Möglichkeit aufzuhalten, abzubremsen oder vielleicht sogar, wenn dies scheitert, zu überleben.

In dieser Haltung drückt sich die Zuversicht der Schweizerin, des Schweizers aus, aufgrund eines politischen Erbes von über 700 Jahren auch die neuen Reiche, die jetzt entstehen, überleben zu können. Verschiedene Tatsachen geraten bei einem solchen Blick dabei ausser Sicht:

Die Gründung und Festigung der heutigen Schweiz war ein Prozess, der sich über 700 Jahre hinzog und nicht abgeschlossen ist. Ohne das Wohlwollen der anderen europäischen Staaten wäre die Schweiz nie selbstständig geworden und nie selbstständig geblieben. Weil die anderen Völker keinem von ihnen die Alpenübergänge zugestehen wollten, schufen sie einen neutralen Staat. Aus dem gleichen Grund wurde Kuwait geschaffen, um weder Saudi-Arabien noch den Irak übermächtig werden zu lassen.

Die Schweiz ist von der EU wirtschaftlich, politisch und kulturell abhängig wie das Kälbchen von der Kuh. Die Anzeichen deuten nicht auf eine Minderung, sondern eine Mehrung dieser Abhängigkeit.

Der Widerstand des Schweizers gegen die EU und deren Prinzipien geht weitaus tiefer als nur gegen einen EU-Beitritt des Landes. Wer sich über Jahrhunderte die Unabhängigkeit erkämpft hat, Bürgerrechte wie niemand sonst in der Welt, einen weit überdurchschnittlichen persönlichen Reichtum, der kann ernsthaft keinen Grund sehen, auf all dies freiwillig zugunsten eines Beitritts zu verzichten.

Dazu kommt das Verhalten der EU-Behörden selber, die nicht nur bei den Schweizern nicht beliebt sind, sondern auch bei der Hälfte der eigenen EU-Bürger keinen Beifall finden. Die EU gebärdet sich als politisches Monster, das sich auf Zehntausenden von Beinen politisch vorwärts bewegt, wie ein Ölfleck auf der Landkarte ausbreitet und in immer neue Gebiete einsickert, welche die Ankunft der Brüsseler Behörden ebenso befürchten wie ersehnen.

Diese EU hat Milliarden verschleudert. Sie ist von einer bestürzenden Ineffizienz in vielen Gebieten. Sie wird von ihren eigenen Mitgliedern missbraucht und betrogen. Sie macht einigen Ländern, wie Grossbritannien, Billig-Angebote und saugt anderen, vor allem den Deutschen, mit Steuern die Taschen leer. Sie begünstigt die Entwicklung der grossen Konzerne und gibt den kleinen und mittleren Unternehmen nur Brosamen. Sie pflegt eine Bürokratie, die immer grössere Teile des Lebens erfasst. Sie erklärt sich nicht klar in ihren Zielen und zeigt eine Praxis vor, die keines glanzvollen Staatswesens

Zukunft aufscheinen lässt, sondern erweist sich als ein verkrüppeltes Monster von grosser Gefrässigkeit.

Gleichzeitig hat die EU Grossartiges geleistet: Europa zu einer Einheit geformt, aus armen Ländern reiche gemacht, grosse gemeinsame Projekte aus Wissenschaft, Kultur und Technik in die Wege geleitet, eine gemeinsame Währung geschaffen. Sie hat die europäischen Staaten, und nicht nur jene der EU, stabilisiert. Den nationalen Währungen hat sie im Übergang zum Euro ein Fundament geliefert, das sie vor zerstörerischen monetären Angriffen, wie früher in England und in Italien passiert, schützte. Sie hat, und dies ist ganz wichtig, gegenüber den USA mit ihrem weltumfassenden Machtanspruch ein politisches Eigengewicht entwickelt und, mehr als das, eine in den Hauptsachen meist handlungsfähige Einheit.

Dieses Europa, das sich demnächst in den Osten erweitern wird, dem die kleine Schweiz derart misstrauisch gegenübersteht, wird noch fünfzig Jahre brauchen, bis es seine definitive Form gefunden hat. Das ist die eine Seite der Medaille. Die andere Seite besteht in der unausgesprochenen Erwartung, dieser Prozess werde nicht durchgehalten werden können, gegen die USA, gegen die eigenen Schwächen, gegen die kommenden Krisen. Niemand hat hierzu eine gültige Antwort, pflegt doch die Geschichte nicht im Voraus mitzuteilen, wem sie die Siegespalme überreicht.

Den Niedergang der Kolonialmacht Grossbritannien innerhalb von knapp zwanzig Jahren hätte niemand vorausgesagt. Der Niedergang Frankreichs zu einer drittklassigen Atommacht wäre noch zur Zeit Charles de Gaulles undenkbar gewesen. Der Zusammenbruch der Deutschen Demokratischen Republik kam ebenso überraschend wie, kurz darauf, der des ganzen russischen Empires. Der Aufstieg und Niedergang Japans ist heute noch nicht ganzheitlich beschrieben

So kann ein Auseinanderbrechen der Europäischen Union mit Sicherheit nie ausgeschlossen werden. Er ist jedoch insofern unwahrscheinlich, als auch die USA dies derzeit offensichtlich nicht wünschen. Sie benötigen Europa zur Aufrechterhaltung ihrer militärischen Weltmacht und zur wirtschaftlichen Stabilisierung. Ein Zerbrechen der EU würde ungeheure Kosten heraufbeschwören und Europa in ein neues dunkles Mittelalter stürzen. Armut und soziale Destabilisierung grössten Ausmasses wären die Konsequenzen. Daran kann niemand dies- und jenseits des Atlantiks ein Interesse haben.

Nur in der Schweiz wird mit äusserster Heftigkeit die These vertreten, all dies sei sehr wohl möglich und sogar wahrscheinlich. Es handelt sich dabei um die Vertreter und Gefolgsleute eines Schweizer Selfmade-Mannes und Volkstribuns von seltenen Gnaden, Dr. Christoph Blocher. Seine Schweizerische Volkspartei, der heute gegen dreissig Prozent der abstimmenden Schweizer zuneigen, hat sich den Nichtbeitritt der Schweiz zur EU auf die Fahnen geschrieben. Ihre Vision ist das Schweizer Reduit, wie es im Zweiten Weltkrieg als Ideologiemodell entwickelt wurde, als geistige Haltung.

Es soll an dieser Stelle nur angedeutet werden, was später noch vertieft werden wird, dass die Kultur des Reduits weit über die Anhänger dieser nationalen Partei hinaus ausgreift und de facto Teil des schweizerischen Volkscharakters geworden ist. Wirtschaftliche Offenheit, Reisefreudigkeit und ein multikulturelles Umfeld werden dem gerne entgegengehalten.

Eine genauere Betrachtung macht aber deutlich: Nur eine Minderheit der Schweizer Bevölkerung bleibt auf Dauer gerne im Ausland. Die «5. Schweiz» der Auslandschweizer entstand vor allem im 19. Jahrhundert, als Armut noch eine weit verbreitete Erscheinung war und die beiden Amerika, wie später Südafrika und Australien, zu begehrten Zielen der Sehnsucht wurden. Bis vor kurzem war dies insofern anders, als nicht Armut die Ursache für den Auslandsaufenthalt bildete: Man verbrachte einige Jahre, manchmal sogar Jahrzehnte, im Ausland und diente dort Schweizer Konzernen oder der internationalen Hotellerie, um später wieder in die Schweiz zurückzukehren. Der ganze Alpenraum ist besetzt von solchen Hausbewohnern, die ihre Schweiz ins Ausland trugen, um dort zu leben und später als 100-Prozent-Schweizer zurückzukehren.

Erst in den letzten zehn Jahren macht sich ein neuer, bisher unbekannter Trend bemerkbar. Viele junge Schweizer gehen frühzeitig an US-amerikanische Hochschulen und bleiben dann auch dort. Die liberale amerikanische Einwanderungspolitik zielt auf die talentiertesten Europäer, auch Schweizer, ab. Ob sie eines Tages zurückkommen werden, wird erst die Zukunft zeigen.

Blocher hat unter den heute lebenden Schweizern eine feste Anhängerschaft, die sich standhaft weigert, den Schritt in die Zukunft Europas zu tun. Dies nicht etwa, weil sie sich den Europäern unterlegen fühlten, im Gegenteil. Es ist ein Überlegenheitsmythos, der sie fest zu ihrer Bergfestung stehen lässt. Diese Haltung ist im Begriff, sich sogar noch zu verfestigen, weil in jüngster Zeit neue Elemente das Reduit-Denken, welches weit über den Blocherismus hinausgeht, begünstigt:

Der Anti-Amerikanismus ist auch in der Schweiz ein Faktor, weil weniger die wirtschaftliche als die kulturelle Hegemonie der Amerikaner auf viele bedrohlich wirkt. McDonald's und Micky Maus gelten als fremd. Die Hollywood-Produkte werden ebenso geliebt wie gehasst. Die Überheblichkeit amerikanischer Politiker wird genau beobachtet und keineswegs so wohlwollend zur Kenntnis genommen, wie es das Berner Protokoll behauptet.

Der Anti-Globalismus ist eine feste Konstante im Schweizervolk, die weithin unterschätzt wird. Wenn zehn Prozent aller Schweizer als intellektuell weltoffen bezeichnet werden, liegt dies nahe bei der Wahrheit. Weitere 10 bis 20 Prozent sind sehr weltoffen und -erfahren, dies aber im Sinne einer Aneignung fremden Wissens zur Stärkung der eigenen Position. Wie tief dieser Anti-Globalismus geht, zeigt die Diskussion um die Vertreibung und Zukunft des World Economic Forums in Davos, das jetzt erstmals in New York City stattgefunden hat. Grosse Teile der gastgebenden Regierung wie deren Behörden stehen kritisch zu einem derartigen Anlass globalen Zuschnitts. Man findet dies für eine kleine Schweizer Gebirgsstadt als zu gross.

Der Anti-Modernismus äussert sich in grossen kritischen Minderheiten gegen die Fortschritte der Telekommunikation und in der Biotechnologie. Die Gentechnologie ist in der Schweiz ebenso verpönt wie die zahlreichen Antennen, welche die Handynutzer benötigen, um untereinander kommunizieren zu können. Die Frage, ob es diese Neuerungen wirklich brauche; haben viele Schweizer längst beantwortet. Sie brauchen sie nicht, stimmen ihnen aber dennoch in Abstimmungen zu, weil sie der heimischen Industrie den Weg in die Zukunft nicht verbauen wollen.

Der anti-kulturelle Reflex äussert sich bei grosser Akzeptanz durch starke Minderheiten in einer umfassenden Ablehnung moderner Musik, Malerei oder anderer kultureller Darbietungen, die das Mass des Schicklichen oder breit Verständlichen verlassen. Pipilotti Rist ist eine Ikone der Minderheiten. Das gilt auch für einen der bedeutendsten Mäzene der Schweizer und internationalen Musikszene. Paul Sacher blieb geistig in der klassischen Moderne stehen und weigerte sich, seine Millionen späteren Künstlern zukommen zu lassen.

Die Abwehr des zu Unschweizerischen findet ihren Gegenpol in der Höchstbewertung, ja Überbewertung des als schweizerisch Empfundenen oder Geltenden. Christoph Blocher selbst ist ein perfektes Medium dieser Haltung, ist er doch der bedeutendste Sammler der Schweiz von Hodler-Bildern. Hodlers Werke zeichnen sich durch äusserst stimmige Landschaften aus, aber besonders kennzeichnend für sein Werk sind seine Landsknechtsfiguren, die den nationalen Mythos mitgestalteten. Wer diese Hodler'schen Landsknechte, übrigens auf dem Rückzug von Marignano, der grössten militärischen Niederlage der Schweiz, genauer betrachtet, sieht, dass es keine dynamischen Soldaten sind. Sie täuschen Scheindynamik vor, während sie in Wirklichkeit höchstens standfest sind, vielleicht sogar weniger. Dann hätte Hodler sogar im übertragenen Sinne Recht bekommen: die Schweiz, ein standfestes Land mit vorgetäuschter Dynamik.

Wer Hodler sammelt, sei es auch nur als politisches Bekenntnis, gehört im grösseren europäischen Umfeld zur vierten Kategorie der Sammler, an deren Spitze die grossen Altmeister stehen, gefolgt von den grossen Malern der drei letzten Jahrhunderte, dann von den grossen Künstlern der Gegenwart. Die Kleinkunst Hodlers als grosse Kunst heute mit Millionen Franken zu bezahlen, beruht auf einer ideologischen Blase, die alles national-schweizerische zu hoch bewertet. Verluste werden unvermeidbar sein. Noch schlimmer ist es um Blocher als Sammler von Anker-Bildern bestellt. Bei Anker handelt es sich um einen Auftragsmaler des 19. Jahrhunderts, der die beginnende Welt der Industrialisierung mit seinen Idyllen verklärte. Die Höchstbewertung einer derartigen Kunst verrät einen Tiefstand an Empfindsamkeit, es sei denn, man sammle spekulativ und aus Kalkül.

Wen überrascht es, dass auch die Schweizer Literaten gut gefüllte Subventionstöpfe vorfinden, zumindest jene, die das offizielle Bild der Schweiz bereichern. Ein Adolf Muschg, der sich seit Jahren durch immer unleserlichere Konvolute auszeichnet, wird als Schweizer Repräsentant um die Welt geschickt. Gleiches gilt für einen Hugo Loetscher, dessen Weltoffenheit einen exemplarischen Schweizer abgibt. Seine Werke sind touristisch empfehlenswert. Ein Peter Bichsel, dessen Weltmittelpunkt eine Beiz im Schweizer Mittelland darstellt, gilt immerhin noch als Kleinkünstler, nachdem niemand mehr ernsthaft weiss, was Bichsel in den letzten zehn Jahren Nennenswertes geschrieben hat. Ein Thomas Hürlimann beutet seit Jahren seine Familie schriftstellerisch aus und steht kurz davor, darob zu einem Grossmeister der Schweizer Literatur befördert zu werden.

Wohin man schaut, das Reduit entwickelt seine ganz eigene Geisteswelt, die mit dem, was sich ausserhalb des Landes abspielt, immer weniger zu tun hat. Die seit Jahrzehnten ausgestorbenen Grosskritiker sind offensichtlich auch deshalb verschwunden, weil der Boden für ihre Arterhaltung nicht mehr vorhanden war. Dankbar werden deshalb Lob und Auszeichnung vor allem aus dem wenig geliebten Deutschland entgegengenommen. Dort gibt es die grösste Zahl von Literaturpreisen und Literaturpäpsten, die gerne einmal über die Grenze blicken und ein Talent aus der Schweiz zu einer Hoffnung erklären.

Das Morgen ist tabu

Es ist eigentlich unvorstellbar, dass ein derart intelligentes Volk, das sich gegen seine Umwelt in über 700 Jahren erfolgreich behauptet hat, sein Morgen, seine Zukunft, derart tabuisiert. Was ist geschehen, dass die Schweiz innenpolitisch und binnenwirtschaftlich in den Zustand eines Kokons zurückfällt, der seinen Inhalt bewahren, aber nicht mehr wachsen lassen will? Welche gewaltigen Mächte zwingen die Schweizer, ihre Blicke zu verschliessen und die Ohren zuzuhalten, wenn es um die Zukunft ihrer heute schon lebenden Nachkommen geht?

Es ist die unausgesprochene Angst, diese Welt und ihre Entwicklungen nicht mehr zu verstehen. Es ist die Angst, nicht mehr mithalten zu können, wo man vor hundert Jahren der Welt industriell noch den Meister zeigte. Es ist die Angst, jene Rechte zu verlieren, die man in Jahrhunderten erworben und aufgebaut hat, vor allem das Recht auf Selbstbestimmung, Selbstverwaltung und das Recht, von seiner Regierung Rechenschaft zu verlangen.

Diese Angst sitzt tief im Schweizervolk. Weil sie niemand ausspricht, wird sie nur noch grösser. Es sind vor allem Politiker, Wissenschaftler und die Medien, die fortwährend Vergleichszahlen vortragen und Referenzen bringen, weshalb «wir» immer noch irgendwo an der Spitze stehen. «Wir» haben die beste Schokolade der Welt, auch wenn sie von Amerikanern produziert wird. «Wir» haben die besten Uhren der Welt, auch wenn die Uhrenindustrie von den Schweizern verspielt und einem Einwanderer aus dem Libanon gerettet und wieder aufgebaut wurde. «Wir» haben grossartige Sportler, auch wenn sie auf den Ranglisten erst ab Platz acht gezählt werden. Derartige Spielereien wären noch zu verkraften und für das Land nicht weiter bedenklich, wenn nicht alte Strukturen zu einem ernsthaften Hemmschuh für den Schritt in die Zukunft würden.

Einer der grössten Hemmschuhe und eines der grössten Tabus im Land ist der Föderalismus. Diese dezentrale Regierungsform ist die Schweizer Art der Kleinstaaterei, die sich langsam auflöst, aber einer raschen Anpassung des Landes an die beschleunigte Veränderung der Gegenwart im Wege steht. Der Föderalismus ist eine Regierungsform mit grossen Vorteilen, weil eine bürgernahe Regierung besser kontrolliert werden kann. Wenn der Schweizer Föderalismus jedoch zu einer Hohlform wird, weil die Kantone die Gemeindeautonomie langsam aufheben, weil die Kantone selber sich langsam zu grösseren Körperschaften zusammenschliessen und die Bundesregierung mit ihrer Finanzausgleichs-, besser Subventionspolitik, die Kantone bei der Stange hält, dann wird der Aufwand zur Stabilisierung dieser Regierungsform allmählich grösser als die erhoffte Wirkung.

Der Föderalismus, eine der heiligsten Kühe des Landes, steht einer strukturierten Entwicklung des ganzen Landes und seiner Bevölkerung heute mehr im Wege, als er den Fortschritt fördert. Er ist verkommen zu einem Prinzip der Machterhaltung in kleinräumigen Einheiten, zu einem politischen und wirtschaftlichen Selbstbedienungsladen mit abnehmender politischer Verantwortung unter selektiver Begünstigung Dritter.

Ich rede hier nicht der Aufhebung des Föderalismus das Wort, sondern plädiere für dessen Anpassung an die Notwendigkeiten der Gegenwart. Föderalismus, der dominierend zur Erhaltung überholter Strukturen dient, schadet seinem Kanton, dem ganzen Land und, vor allem, den Menschen, die darin leben müssen.

Seine Verursacher haben ein falsches Bild der Welt, Europas und der Schweiz.

Die heutige Schweiz ist im europäischen Vergleich, erst recht im globalen, nichts anderes als eine Stadt mit 7,2 Millionen Einwohnern. Man könnte zu Recht behaupten, die Schweiz sei die schönste Stadt der Welt, denn weder Seattle noch Vancouver, geschweige denn New York City oder Paris haben eine derartig wunderbare städtische Struktur aufzuweisen: Mit alten Zentren, gut verteilten Flughäfen, modernen Industrie- und Dienstleistungsquartieren, ausgedehnten Wohnzonen für alle Ansprüche.

Durch diese Stadt Schweiz ziehen sich eine Fülle schöner Seen. Flüsse jeder Grössenordnung strömen durch die Stadt Schweiz. Flache und sehr hohe Gebirge sind jederzeit auf kürzeste Distanzen zu erreichen.

Wer die Entwicklung dieser Stadt durch überholte Strukturen bremst, vergeht sich an der Bevölkerung. Diese bleibt eingesperrt in ihr kantonales Denken, das Jahrhunderte zurückreicht. Die Jugend der Schweiz weiss schon gar nicht mehr, wie die Kantone entstanden sind, und wird aufgrund herkömmlicher und egoistischer Strukturen gezwungen, diese Kantone zu verteidigen.

Die veraltete kantonale Struktur dient vor allem dem Gewerbe, das sich einen mindestens emotionalen Gebietsschutz davon verspricht. Es dient vor allem auch den Politikern und der Verwaltung der Kantone, die bei einer Einschränkung der kantonalen Autonomie viele Aufgaben und Einkommen verlieren würden. Wer tut dies freiwillig? Sie dient aber auch denjenigen, die ihre Steuern optimieren, indem sie von einem Kanton zum anderen ziehen, bis sie den steuergünstigsten gefunden haben. Nicht jedermann kann zugemutet werden, dieser Praxis der beschränkten Steuerflucht zu folgen. Damit würde die Destabilisierung der Gesellschaft nur fortschreiten.

Die Schweiz im Blindflug

In diesem Zustand wachsender Tabuzonen, wo immer weniger über die wichtigen Entscheide gesprochen werden darf und heftige Auseinandersetzungen über Nebensächliches an der Tagesordnung sind, gerät das Land in den Zustand eines Flugzeuges im Blindflug. Die Leitsysteme versagen, weil von allen Seiten kommende Blinkfeuer die Piloten verwirren. Hat das Land Schweiz überhaupt noch wirkliche Piloten, die den Kurs bestimmen, oder bewegen sich die Entscheider nur zwischen inneren und äusseren politischen und wirtschaftlichen Kraftfeldern? Es gibt genügend Hinweise, dass dies der Fall sein könnte. Einige wichtige können heute schon gut dargestellt werden.

Das Jahr 2001 der Unglücke und Katastrophen gibt Hinweise darauf, was die Ursachen dieser keineswegs isoliert zu sehenden Fälle sind. Sie werden fälschlicherweise als Einzelfälle gesehen, wo Schuldige gesucht und gefunden werden können. Diese Betrachtung alleine reicht nicht aus. Von wesentlich grösserer Bedeutung sind die Tabuzonen des Landes, von denen die Rede sein muss, wenn künftige Entwicklungen erkannt werden wollen. Die wie auf einer Frühlingswiese aufkeimenden Hoffnungen, mögen sie auch nur von falschen Vorstellungen geprägt sein, sind wichtige Hinweise auf heutiges und morgiges Verhalten. Schliesslich muss von den Scheinwerfern die Rede sein, die das Dunkel der Gegenwart erhellen sollen, den Medien. Sie sollen den Menschen einen realistischen Einblick geben als Grundlage für ihr individuelles staatsbürgerliches Handeln, auf welches die Schweiz stolz ist und worauf sie sich beruft, wenn es um die Abwehr unerwünschter Einflüsse geht.

Es waren oberflächlich gesehen vier Unglücke und Katastrophen, welche das Land in kurzer Zeit erschütterten. Sie sind bis zur Stunde nicht eigentlich verdaut, weil sich die nationalen Rettungstruppen sofort auf das Einzelereignis stürzten und trotz heftiger Diskussionen tiefere Analysen an den Rand gedrängt wurden. Ein Teil davon sei an dieser Stelle nachgeholt, denn ohne die Verarbeitung dieser Vorgänge darf angenommen werden, dass sie sich in der einen oder anderen Art wiederholen werden.

Die Todesschüsse im Regierungsgebäude von Zug sind ein für die Schweiz derart unglaublicher Vorgang, weshalb sich der Vorhang des raschen Vergessens fast schon wieder über die Ereignisse gesenkt hat. Die neuen Regierungsmitglieder sind bestimmt, die Ersatzleute sind in die Bänke eingetreten. Es waren die Spitzenbeamten der Verwaltung, die in Ruhe und mit grosser Sicherheit den Übergang in die Normalität realisiert haben. Während die Familien der Opfer noch trauern, werden die notwendigen Umbauten und Umzüge in die Wege geleitet. Der Mythos der Schweiz verwirklicht sich an diesem Beispiel: Es geht nicht so sehr um einzelne Spitzenvertreter, welche die Exekutive darstellen. Vielmehr steht hinter jedem Regierungsrat eine Fülle starker Persönlichkeiten aus dem Volk, die ebenso in der Lage sind, das Richtige zu sehen und zu tun. Gerade die Vorgänge in Zug sind Sinnbild für die

Leistungskraft einer bürgerlichen Demokratie, der Männer und Frauen aus dem Volk. Es ist die historische Verlängerung eines Mythos, der noch aus der französischen Revolution stammt. Wo ein Bürger im Kampf gegen die Monarchie fiel, nahm der nächste die Fahne auf. Das ist beste schweizerische Tradition.

So sehr es zufällig gewesen sein mag, dass gerade die reiche Kleinstadt Zug, Hauptstadt eines der wirtschaftlich erfolgreichsten Kantone der Nachkriegszeit, zum Ort des Geschehens wurde, hätte dies wahrscheinlich ebenso in Glarus oder Luzern geschehen können. Oder vielleicht nicht? Bei dem Mörder der Politiker handelte es sich um einen gesellschaftlichen Aussenseiter aus kleinbürgerlichen Verhältnissen, dessen sozialer Status langsam absank. Das Prinzip individueller bürgerlicher Selbstständigkeit und Selbstbehauptung vor den Herren hatte sich bei ihm im Laufe der Jahre verkehrt in eine Form aggressiver Quengelei, wie sie weit verbreitet ist. Eines Tages, nach dem letzten definitiven Gerichtsentscheid gegen ihn, griff dieser Michael Kohlhaas in eigener Sache zu den Waffen und lief Amok. Ein Schweizer Bürger, tief von seinen Rechten überzeugt, war in seinen Augen gegen eine Phalanx von Bürokraten gelaufen. Als sie ihm nicht mehr zuhörten, schoss er.

Zug ist einer jener Orte in der Schweiz, wo die Spanne zwischen Reich und Arm am weitesten auseinander klafft. Ein selbstbewusstes Bürgertum hat sich Gesetze und Verordnungen gegeben, die, ähnlich wie im benachbarten Fürstentum Liechtenstein, den Handel und die Finanzgesellschaften fördern. Rund um Zug stehen herrliche Villen, die den Wettbewerb mit den schönsten Häusern der amerikanischen Reichen aushalten. Die Stadt Zug selbst ist stattlich gebaut, in wenigen Jahren überaus rasch in das Land hinausgewachsen und hat sich, in voller Selbstständigkeit, zu einem der reichsten Vororte von Zürich entwickelt, das in vierzig Minuten jederzeit erreichbar ist.

Die Einwohner von Zug sind keinesfalls so reich, wie dies die Statistiken Glauben machen wollen. Sie werden in den Hauptquartieren der globalen Gesellschaften, die in Zug residieren, gut bezahlt . Sie verdienen ausgezeichnet in den Anwalts- und Treuhandbüros, die den Konzernen zur Seite stehen. Aber das gilt nicht für den Normalzuger, der in einem Kaufhaus oder bei den Verkehrsbetrieben seiner Tätigkeit nachgeht. Die Mieten in der Stadt sind seit Jahren sehr hoch, der Wohnungsbau ist begrenzt und bevorzugt teurere Objekte. In Zug gibt es verdeckte soziale Spannungen, gleichsam schleichende Ströme der Unzufriedenheit, die sich nur deshalb nicht entladen, weil die Gesellschaft noch in traditionellen Bezügen aufgewachsen ist, von echter Armut nicht gesprochen werden kann und Podien sowie kritische Massen fehlen, damit der Unmut sich entladen kann. Dies führt zu individuellen Katastrophen grösserer und kleinerer Art. Die Kette reisst immer an ihrem schwächsten Glied oder: Mensch wie Gesellschaftskörper zeigen Krankheitssymptome an ihrer schwächsten Stelle.

Ein Attentat wie in Zug war für die Schweiz bislang undenkbar. Sofort wurden im ganzen Land rund um die Sitze der Behörden die Bewachungssysteme überprüft und verstärkt. Rechnet man damit, dass sich derlei in den kommenden Jahren wiederholen wird? Es ist nicht auszuschliessen. Die sozialen Spannungen haben bereits bedeutend zugenommen. Sie entladen sich täglich auf individueller Ebene, zwischen Mann und Frau, zwischen Mitarbeiter und Chef, zwischen Alt und Jung, zwischen Ausländer und Schweizer. Nicht alle enden tödlich, aber über Morde und Überfälle, wie sie jeden Tag gemeldet werden, erschrickt niemand mehr. Die individuelle Aggression ist alltäglich geworden

Nicht nur Zug, die Schweiz steht zunehmend vor einer sozialen Frage. Sie verfügt über grosse Mittel, um den schlimmsten Entgleisungen zu begegnen. In wachsende Teile der Bevölkerung, vor allem auch in die Integration der Ausländer, werden grosse Mittel investiert, um den sozialen Druck abzubauen. Die entsprechenden Budgets der Innenministerin und der kantonalen Behörden sind in den letzten Jahren am meisten angestiegen. Während die Aussenverteidigung durch das Militär abgebaut wurde, musste die Innenverteidigung durch die Sozialbehörden stark ausgebaut werden. Ein Ende dieses Trends ist vorläufig nicht abzusehen.

Der Lastwagenunfall, welcher zu einer mehrwöchigen Sperrung des Gotthard-Tunnels führte, machte die Abhängigkeit der Schweiz von einer anderen Entwicklung deutlich. Europas Verkehr, der in den kommenden Jahren aufgrund der Liberalisierung durch die EU nochmals bedeutend zunehmen wird, strömt fast ungehindert durch die Schweiz. Es ist Augenwischerei, wenn Verkehrsminister Moritz Leuenberger immer wieder andeutet, die Nebenwirkungen der von ihm ausgehandelten Verträge könnten gemildert werden. Europas Verkehr, Lastwagen wie Personenwagen, branden über die Insel Schweiz hinweg und vernichten damit ganze Talschaften zwischen Basel, Luzern, Uri und im Tessin. Wenn dann noch ausländische Chauffeure unter dem Druck ihrer dem vollen Wettbewerb ausgesetzten Unternehmer übernächtigt, ohne Ruhezeiten und vielleicht sogar noch betrunken oder unter Drogen stehend über die Autobahnen und durch die Tunnels fahren, kann man sich vorstellen, was die Folge ist: zunehmendes Chaos. Jeder Lastwagen, der durch die Schweiz fährt, wird aufgrund der unglücklichen Verhandlungen auf Jahre hinaus von den verbleibenden Steuerzahlern des Landes hoch subventioniert. Die Schweizer Regierung hat sich damit dem Druck Europas gebeugt. Hier zeigt sich, wie Wirklichkeiten geschaffen werden.

Der Verlad der Lastwagen auf die Bahn ist ein Traum, der zur Abfederung der traurigen Tatsachen dient. Europa hat wenig Interesse an solchen Lösungen, es sei denn, die Schweiz finanziere diesen Luxus aus eigener Bürgertasche. Allein die Summe des anstehenden Verkehrs, der mangelhafte Ausbau und die ungenügende Infrastruktur der Bahnstrecken werden diesen Traum als das zeigen, was er heute schon ist: eine politisch erzeugte Fata Morgana.

Das bewusst herbeigeführte Ende der gerade siebzig Jahre alt gewordenen Swissair ist ein weiteres Fanal, was es bedeuten kann, zu teure Strukturen aufzubauen und diese dann auch noch schlecht zu führen. Die Swissair ging an einer Krankheit zugrunde, die man als die schweizerische bezeichnen kann: Überheblichkeit anderen gegenüber. Verwaltungsrat und Konzernleitung der Swissair, vereint mit dem Bundesrat und grossen Teilen der Schweizer Presse, angeführt vom

Ringier-Konzern, haben sich früh einer fairen Partnerschaft der Swissair mit anderen europäischen Fluggesellschaften in den Weg gestellt. Man war sich zu gut, andere als gleichberechtigt zu betrachten. Dann verliessen wichtige Partner, wie die österreichische Fluggesellschaft AUA, die Swissair-Gruppe, weil überhebliche Swissair-Manager die Österreicher vor den Kopf stiessen und zudem mit heimlichen Aktienkäufen gegen alle Vereinbarungen versucht wurde, die Österreicher über den Tisch zu ziehen. Zur Hypertrophie des Schweizer Egos kam es, als Philippe Bruggisser im Auftrag seines Verwaltungsrates einen Ausbruch aus der Enge wagte, indem er drittklassige Airlines kaufte. Hätte er es wirklich geschafft, wie geplant, daraus durch gutes Management ein perfektes Netz von Fluggesellschaften zu bilden, wäre seine Leistung unerreicht. Bruggisser machte jedoch zwei Hauptfehler: Er schickte die falschen Führungskräfte in seine Eroberungsgebiete und scheiterte in der Folge an der raschen und unvollkommenen Integration. Überheblichkeit und der Versuch des Ausbruchs: Wer in die Geschichte blickt, entdeckt mehrere solche Fälle: Waterloo, als Napoleon gegen die Allianz der Könige, und Dien Bien Phu, als die Franzosen gegen die Vietnamesen verloren, sind nur zwei Beispiele.

Der Versuch, aus der Crossair eine neue Swissair zu machen, zeigt die Energie und Kraft, welche in den Führungskräften der Schweizer Politik und Wirtschaft steckt, um auch kurzfristig eine grosse Aufgabe anzugehen. Es ist ausgeschlossen, dass diese Übung gelingt, mag sie in der Theorie noch so richtig sein. Es fehlt der neuen Airline an der kritischen Grösse, vor allem aber an Führungs- und Kommunikationsqualität. Die Billig-Airlines werden nicht zu unterbieten sein, und die wirklich grossen Fluggesellschaften haben genug Spielraum nach unten, um den neuen Schweizer Konkurrenten abzufangen. Von gleicher Bedeutung sind die schlechten Nachrichten aus dem neuen Konzern selber. Es fehlt an innerer Homogenität zwischen den Mitarbeitern. Der CEO André Dosé hätte sich eigentlich einen anderen VR-Präsidenten und nicht den amtierenden gewünscht. Die Flugzeuge selber stürzen gelegentlich ab, kommen häufig in kritische Situationen oder verirren sich sogar, wie die Vergangenheit zeigt.

Moritz Suter, Gründer der alten Crossair, ausgebootet und frustriert, dient im Hintergrund als Kronzeuge gegen die neue Struktur, die er so nicht wollte. Sein fast realisierter Traum einer edlen Regional-Airline löst sich nun in den Schimäre einer neuen europäischen Gross-Airline auf. Wer dieses Gespenst der alten Swissair möglichst bald in einen stabilen Airline-Verbund einbringt, macht sich verdient um den Schweizer Steuerzahler, der pro Kopf bisher über 2000 Franken für den Versuch einer Sanierung aufbringen musste, und um das Selbstvertrauen der Schweiz, die ein neues Grounding der «Swiss» kaum verdauen würde.

Die dann vielleicht gerettete neue «Swiss» wird aber ebenso wenig schweizerisch bleiben wie einst der BBC-Konzern, als er von der schwedischen Asea-Gruppe übernommen und zum ABB-Konzern vereint wurde. Diese «mergers of equals», wie sie meist genannt wurden, waren stets Blendwerk, um die verbleibenden Mitarbeiter und die Öffentlichkeit in die Irre zu führen. Aus der alten BBC wurde der schwedisch geführte ABB-Konzern. Die Schweizer Manager hatten immer weniger zu sagen und sanken zuletzt, was ABB Schweiz betrifft, in die Rolle der Hausmeister ab mit der Kompetenz, vor allem die Ruhe zu bewahren.

Der Sturz des ehemaligen stolzen BBC-Konzerns ist auf die Unfähigkeit des damaligen Verwaltungsrats und der Konzernleitung zurückzuführen. Während BBC unter der Herausforderung des Marktes praktisch erstarrte und bewegungslos wurde, suchte der Konzernchef der alten Swissair die Flucht nach vorn. Beide scheiterten.

Wie abhängig die Schweiz von globalen Ereignissen geworden ist, zeigen die Ereignisse des 11. September 2001, als in New York City die beiden World Trade Towers zum Einsturz gebracht wurden. Im ersten Schock solidarisierten sich die Schweizer mit den Amerikanern mehr noch als andere Europäer. Lediglich die Schweizer Medien signalisierten eine «heimliche Freude» am Angriff auf das Herzstück des Kapitalismus. Der latent vorhandene Antiamerikanismus zeigte, ganz vorsichtig, seine Wirkung. Tourismus und Hotellerie waren die eigentlich Leidtragenden in der Schweizer Wirtschaft, was aber kaum ein anderes Unternehmen daran hinderte, seine schlechten Zahlen mit dem «Bin-Laden-Faktor» zu schönen. Während die EU-Staaten zögerlich auf die Position der Bush-Regierung einschwenkten und Hilfe anboten, vor allem in Afghanistan, blieb die Position der Schweiz merkwürdig blass. Ihr Angebot, in Genf die Friedenskonferenz stattfinden zu lassen, wurde dankend abgelehnt. Der Weg ins aussenpolitische Abseits ist erkennbar: Für die Europäer ein widerspenstiger Partner, der sich verschanzt, für die Behörden in Washington ein nicht mehr relevanter Partner.

Zur gleichen Zeit begab es sich, dass nach zwanzig Jahren in Davos das World Economic Forum in der Schweiz die Zelte abbrach, um sie in New York City wieder aufzubauen. Der Abzug dieses Treffpunkts der Weltelite war ebenso unnötig wie schädlich für das Image des Landes. In Dauerkonflikten zwischen allen kantonalen und nationalen Dienststellen kam es zu einer schlecht koordinierten und noch schlechter kommunizierten Abwehr nur teilweise aggressiver Globalisierungsgegner. Die Medien wären besser beraten gewesen, das halbherzige Protestspektakel als Nebensache zu behandeln. So überschlugen sich die Fernsehredaktionen und Fotografen in einer Kriegsberichterstattung, die der Sache nicht angemessen war. Der Behördenföderalismus, die unsicher wirkenden Regierungsvertreter und die aufheizende Medienberichterstattung führten zu einem Stimmungs-Cocktail, der einfach vernichtend war. Professor Klaus Schwab, Gründer und Hausherr des WEF, hatte die Nase voll und meldete sich nach New York ab, wo zufälligerweise sein enger Freund Michael Bloomberg gerade Oberbürgermeister der durch das Attentat tief getroffenen Stadt wurde. Schwab, der in der Schweiz immer ein wenig darunter gelitten hatte, dass man ihn nicht würdigte, nahm die Schwierigkeiten in Davos zum Anlass, ins Zentrum der kapitalistischen Welt zu ziehen. Gleich drei Bundesräte, gesponsert von fünf Schweizer Konzernen, zogen Ende Januar an den neuen Veranstaltungsort, in das Walldorf Astoria, um «Präsenz Schweiz» zu demonstrieren.

Das Eidg. Departement für auswärtige Angelegenheiten übernahm die organisatorische Abwicklung. Zum Zeitpunkt, wo diese Zeilen verfasst werden, ist offen, ob dieser Gang nach

Canossa sein Ziel erreichen wird. Zweifel sind angebracht. Wunder in einer Zeit der Wirren sind nie ausgeschlossen. Davos hat das WEF im Jahr 2003 wieder – und danach?

Allen Unglücken und Katastrophen ist gemeinsam, dass sie die tiefe Einbindung der Schweiz in das europäische und globale Weltdorf bestätigen. Wer einer imaginären Grenze den Rücken zuwendet, um die Veränderungen der Welt nicht erleben zu müssen, wird sich sehr rasch wundern, dass ihm die gewünschte Innerlichkeit nicht gestattet wird. Diese Vorfälle sind keine isolierten Ereignisse, sondern Teil einer Entwicklung, die vor den Zollschranken der Schweiz nicht stehen bleibt. Wer grundsätzliche Entwicklungen negiert, wird ihr Opfer.

In die gleiche Richtung weist eine jüngere Schweizer Tendenz, der Aufbau neuer Tabu-Zonen. Man spricht über solche Themen entweder überhaupt nicht, was als politisch korrekt empfunden wird, oder bedient sich eingeübter Sprachformen, welche die neuen Ödnisse überdecken sollen. Solche Tabuzonen sind keineswegs harmlos, wie man gleich sehen wird, sondern verdeutlichen soziale Trends, die im Allgemeinen teuer zu stehen kommen.

Tabu-Zone Nr. 1:
Überalterung und Immigration

Wie die meisten anderen westeuropäischen Staaten erlebt die Schweiz seit zwei Generationen einen Geburtenstreik. Der eigentliche Grund, der anhaltende Arbeit- und Konsumstress bei gleichzeitig stagnierendem bis rückläufigem Lebensstandard für grosse Teile der Bevölkerung, ist bereits tabuisiert. Das Ergebnis jedoch ist offensichtlich:

Die Schweizer Unternehmer rufen Arbeitnehmer ins Land, woher sie immer auch kommen mögen. Im Arbeitermilieu sind dies vor allem Serben, Kroaten, Kosovaren und Albaner. Mit ihrem unschweizerischen Verhalten, das in erster Linie als aggressiv verstanden wird, setzen sich die Ausländer unter Stress, mehr noch aber die Schweizer. Die bereits vor fünfzig Jahren eingewanderten Italiener sind entweder in ihre Heimat zurück oder haben sich in der Schweizer Gesellschaft bereits gut integriert. Die Stärksten der Vater-Generation sind Unternehmer geworden; aus ihren Söhnen, den «Secondos», entspringen immer mehr Führungskräfte für Wirtschaft und Verwaltung. Auch Ungarn, Tschechen und Polen sind tief integriert in die Schweizer Gesellschaft. Ungarische Wissenschaftler, Ärzte und Ingenieure sind in der Schweiz verwurzelt, die tschechischen Frauen haben die Medien und den Sport erobert, polnische Musiker sind allerorts in den besten Häusern zu finden. Von einer eigentlichen Integration dieser Volksgruppen in die Herzstücke der Schweizer Wirtschaft und Politik kann, mit sehr wenigen Ausnahmen, jedoch nicht gesprochen werden. Die süd- und osteuropäischen Einwanderer sind in Dienstleistungsberufen und natürlich in der Landwirtschaft, Tourismus und Baubranche geschätzt. Ihre private Integration ist unzureichend.

Ein anderer Fall sind die Edel-Einwanderer aus Frankreich, den USA, Skandinavien, Deutschland und seit kurzem auch Österreich. Sie arbeiten in den internationalen Gremien in Genf, Bern und Basel. Sie haben bereits Spitzenpositionen in den grössten Schweizer Unternehmen errungen, was vor zwanzig Jahren kaum möglich war. Sie bilden die Substanz an den Schweizer Hochschulen und sind auch in den Verwaltungsräten gerne gesehen.

Und doch: Die Schweizer bleiben lieber unter sich, geht es um das Militär, die hohe Verwaltung und hohe Politik. Dieses Fort des ernsthaften Schweizertums wird durch berufliche Karrieren, Heiraten, Partnerschaften und den überall spielenden Wettbewerb immer poröser, aber es hält noch stand. Es hält vor allem in einem Bereich stand, den man üblicherweise zu den liberalsten zählt, den Künstlern, Schriftstellern und Medienleuten. Ausländische Künstler engagiert man und erfreut sich an ihren Werken, aber sie erwerben damit keine schweizerische Qualität.

Ausländische Schriftsteller hält man möglichst auf Distanz, es sei denn an eigens dafür geschaffenen Sammelpunkten wie den diversen Literaturtagen, ausgewählten Anlässen oder im Radio und Fernsehen der Deutschen und Rätoromanischen Schweiz DRS, das sich kürzlich den Zusatz «Idée Suisse» zugelegt hat. Wie bezeichnend: Idée Suisse als neue Form der geistigen Landesverteidigung. Zugang für Ausländer nur geduldet. Das Tabu der Fremdenfeindlichkeit wird noch schlimmer, wenn davon, vor allem in der Westschweiz, die Afrikaner betroffen sind. Sie kommen offiziell ins Land, viele aber als «sans papiers», deren Zahl in die Tausende geht. Eine sozialdemokratisch-kirchlich-grüne Front nimmt sich ihrer an und entwickelt eine besondere Form der Diskriminierung, den behüteten Schutz des Ausländers. Der Schweizer fühlt sich in seinem Gutmenschentum bestätigt, wenn er etwas Gutes tun darf. Ist seine Gutzeit aber beendet, will er wieder unter sich bleiben, die Linken nicht weniger als die Rechten.

Diese schizophrene Haltung, bei welcher die Praxis der politischen Rechten vorläufig ausgeklammert bleibt, bringt schon heute und in Zukunft noch mehr nur eines: Ärger. Es ist ein Tabu, dass die Schweizer Urbevölkerung, wann immer sie auch eingewandert sein mag, sei es als Kelte, Alemanne, Friese, Hugenotte, Sizilianer, Österreicher oder Schwabe, nicht mehr in der Lage ist, ihre Geschäfte alleine zu besorgen, nicht als Unternehmer, nicht als Wissenschaftler, nicht als Hotelier, nicht als Pfarrer, wo heute Afrikaner, Inder und Philippinos gang und gäbe sind. Sie teilt dieses Schicksal mit den Deutschen, den Spaniern und den Italienern. Überall öffnen die Unternehmer, die Hoteliers, die Bauern die Türen für die Ausländer, unterstützt von den Beamten und Berufsorganisationen. Sie ziehen sich abends in ihre Villen und Höfe zurück, während Mitarbeiter und Steuerzahler den fremden Barbaren ins Auge blicken müssen. Das schafft böses Blut, mehr noch in Zukunft.

Tabu-Zone Nr. 2: Die Steuern

Es gibt eine Regel, die über die Jahrhunderte Bestand hatte: Steuern zahlt nur, wer sich dagegen nicht wehren kann. Deshalb ist in der Schweiz das Steuergeheimnis das bestgehütete Geheimnis überhaupt.

Es gibt in diesem föderalistischen Land keine seriösen Hinweise, keine Statistik, keinen Bericht, wer wirklich Steuern zahlt – und wer überhaupt noch. Aufgrund grosser Aufmerksamkeit über Jahre hinweg kann die Steuersituation in der Schweiz in etwa wie folgt zusammengefasst werden: Konzerne und andere grosse Unternehmen zahlen immer weniger Steuern. Ihre Steueroptimierungsprogramme sind mit den kantonalen und Bundesstellen eng abgesprochen und werden überwiegend akzeptiert. Ausländische Unternehmen zahlen tendenziell noch weniger Steuern, weil sie aufgrund ihrer globalen Strukturen jeglichen Spielraum haben, ihren Steuerstandort zu bestimmen. Es ist allen Grossunternehmen und internationalen Dienstleistungsfirmen eigen, dass sie, gemessen an den internen und zur Ausschüttung kommenden Gewinnen, sehr wenig Steuern bezahlen. Zudem sind die Möglichkeiten, das Recht für Steuerabzüge zu erwerben, gewaltig angestiegen.

Kaum Steuern zahlen auch ausländische Unternehmen, die auf Kosten von Wirtschaftsförderungsprogrammen der Kantone in der Schweiz Standorte aufgebaut haben. Es liegen seitens der Kantone auch keinerlei schlüssige Nachweise vor, was die Wirtschaftsförderungsprogramme der letzten zwanzig Jahre netto an Mehrwert gebracht haben. Kaum Steuern zahlen auch Zuwanderer wie Michael Schumacher, der Autorennfahrer, oder Tina Turner, die Pop-Sängerin. Sie werden nach dem Lebensaufwand besteuert, was sich viele sparsame Schweizer Familien seit langem wünschen.

Ein Drittel bis die Hälfte aller Gewerbebetriebe in der ganzen Schweiz zahlt seit vielen Jahren keine Steuern mehr, weil ihnen der Nachweis gelingt, dass sie nichts mehr verdienen. Dahinter verbirgt sich eine echte Not, die durch Wettbewerb und Strukturwandel verursacht wird. Es verbirgt sich innerhalb von Gewerbefamilien aber auch unternehmerische Unfähigkeit, nicht zuletzt bei der Übergabe an den Nachwuchs. Es dürfte nicht zu hoch gegriffen sein, wenn in der Hälfte aller Fälle ganz normale Schlitzohrigkeit der Auslöser wäre. Gewerbeverband und Bauernverbände halten die wirklichen Zahlen geheim, ebenso wie die Banken, die sich jetzt allerdings mit «Basel 2» zur Wehr setzen wollen, einem Modell, das von schlechten Betrieben höhere Zinsen verlangt.

Wer zahlt überhaupt noch Steuern? Es ist der Mittelstand mit Einkommen zwischen 80 000 bis 160 000 Franken. Es sind die vielen Staatsangestellten und Beamten, die ein festes Steuersubstrat liefern. Es sind auch viele Besserverdiener mit hohen Einkommen, die bekanntlich den grössten Teil der Bundessteuer und der Gemeindesteuern abliefern.

Vor allem aber sind es die Konsumsteuern, die immer höhere Erträge liefern. Deshalb geben sich die westlichen Regierungen derart viel Mühe, den Konsum anzukurbeln, würden doch sonst die Steuereinnahmen sinken. Die Werbewirtschaft wird damit zur Stütze einer modernen Steuerpolitik.

Es herrschen noch keine argentinischen Verhältnisse in der Schweiz, wo Steuern wirklich nur noch das Volk zahlte, das dann auch Pleite ging. Aber es ist unerträglich, wie auch bei uns der real vorhandene Steuerdschungel, wo Begünstigungen an der Tagesordnung sind, die bürgerlichen Sitten, die sonst gepflegt werden, verdirbt. Genauso wie Menschen aus anderen Ländern gezwungen werden, ihrem eigenen Steuerdruck durch Steuerflucht in die Schweiz zu entgehen, sind heute schon viele Schweizer im Begriff, ihre Steuerdomizile immer freier zu wählen. Der Geist alemannischer Gemeinsamkeit, wie er in den Burgergemeinden Berns und andernorts noch gepflegt wird, geht damit verloren. Martin Ebner und Daniel Vasella sind keine richtigen Schweizer Bürger mehr, sondern sehen sich als Europäer und Weltbürger mit einem steueroptimierten Schweizer Standort. Tausende sind ihnen darin schon gefolgt, eine Bewegung, die alte Strukturen zerstört ohne die Gewissheit, was neu entsteht.

Tabu-Zone Nr. 3:
Die Elite der Gutmenschen

Ein Menschentypus von äusserster Seltenheit auf der Welt-
bühne, wie er in nennenswerter Zahl nur noch in New York
City anzutreffen ist, hat sich wie eine späte Herbstblüte vor
den ersten Frösten auch in der Schweiz entwickelt: der Gutmensch. Es handelt sich um Angehörige einer Bildungs- und
Geldelite, die sich von ihren Mitmenschen darin unterschei-
den, dass sie an vorderster Front mitleiden und zur Unterstützung aufrufen, sei sie moralischer oder materieller Natur.
Ihr in letzter Zeit gehäuftes Auftreten ist ein Tabu, ist doch
schon die Bezeichnung eines Gutmenschen als Gutmensch
ein schrecklicher Tabubruch, da man zwar von ihnen wissen
soll, weil sie sich unaufhörlich zu Wort melden, sie aber nicht
selbst ein Thema werden wollen, weil dies dem Prinzip des
Gutmenschen widerspricht.

Dieses Tabu ist deshalb so bedeutend, weil die Gutmenschen allein durch ihr Sein alle anderen zu Unmenschen machen, die nicht auf der gleichen sozialen Stufe stehen. Diese
Unmenschen, denen das volle Bewusstsein über ihre Unzu-
länglichkeit fehlt, können ihren Status nur insofern kurzfristig leicht verbessern, indem sie durch Bewunderung und besser noch, materielle Leistung, den Status des Gutmenschen
untermauern.

Der gemeinsame Nenner dieser in der Schweiz unüber-
sehbar gewordenen Population ist das schlechte Gewissen.

Angesichts der Schrecknisse dieser Welt ist der Markt für Gutmenschen gross, ja unendlich. Er erstreckt sich in älteren Formen auf Kinder aus Afrika und Lateinamerika, später auch aus Osteuropa. Massiv erfasst hat er die leidenden Frauen aller Welt, seien es solche, die als Kind beschnitten werden, eine Burka tragen müssen oder ihr Leben, in welchem Geschlecht auch immer, nicht leben dürfen. Andere Gutmenschen sammeln nach Abschluss einer grossen beruflichen Karriere Geld für Wasserstellen in Afrika oder Asien, dies nicht ohne einen Blick auf eine Karriere im kirchlichen Laiendienst. Eine grosse Zahl von Gutmenschen widmet sich der Erhaltung des Friedens. Derlei lässt sich mit schicken und absatzfördernden Konzerten verbinden. Jüngst hat ein präsidialer Gutmensch den Homosexuellen Mut gemacht, wofür sich diese mit frenetischem Hüftewiegen bedankten. Der politisch links stehende Gutmensch ist ohnehin die prächtigere Variante, weil er sein ideologisches Federkleid mit besonderer Grazie und Bedenksamkeit spreizt. Der Gutmensch konservativer Natur, der für die Berghilfe oder Caritas spendet, ist in weniger auffälliger Gesellschaft, weil die Medien dieser Standardprogramme des Gutmenschentums etwas überdrüssig sind.

Diese meist global wirkende Schickeria des Gutmenschentums bewirkt wenig, macht aber einen ungeheuren Lärm. Ihr Privileg ist es, sich in guter Gesellschaft, das heisst unter sozial Gleichgestellten, zu treffen. Dort ist das Leben ohnehin viel lustiger, und man kann beweisen, dass man absolut «in» ist.

Tabu-Zone Nr. 4:
Die Aufarbeitung der Vergangenheit

Nachdem die vereinigte Linke innerhalb eines knappen Jahrzehnts das Land aus seinen Fundamenten gerissen hatte, indem sie den Tell-Mythos nachhaltig zerstörte, hat die Schweiz keine vermittelbare Geschichte mehr. Die nach dem Dreissigjährigen Krieg erworbene Unabhängigkeit vom Heiligen Römischen Reich Deutscher Nation kam zu unvermittelt und war nicht von allen erwünscht. Die in der Zeit der Helvetik von Napoleon I. angeordneten Erneuerungsimpulse waren unerwünscht und werden bis heute eher verdrängt. Die eigenen Revolutionäre des 19. Jahrhunderts passen auch nicht mehr in die heutige Zeit, weil der von ihnen ausgehende Bürgerstolz vor fremden Thronen die glatte Integration der heute Lebenden in eine reibungslos funktionierende, von oben her gesteuerte Gesellschaft der Jetztzeit mehr behindert als fördert. Im vergangenen Jahrhundert geschah eigentlich nichts, worauf man in Lehrbüchern ohne weiteres verweisen könnte. Industrie, Handel und Finanzen alleine sind nichts, womit sich anspruchsvolle Menschen der Gegenwart identifizieren möchten.

Im Gegenteil: Seit kurzem beginnt die Vergangenheit, vor allem die des vergangenen Jahrhunderts, die Schweiz einzuholen. Jetzt, wo die ungeliebte Bergier-Kommission ihre umstrittenen Konvolute abgeliefert hat, hindert nichts mehr die Schweiz daran, ein neues Tabu aufzubauen: die bedingungslose Verdrängung der Vergangenheit. Dem Anspruch des Jüdischen Weltkongresses auf Entschädigungen in Milliardenhöhe wurde nachgegeben, wenn auch nirgendwo in den Schweizer Tresoren Nachweise gefunden wurden, dass jüdische Vermögen in auch nur annähernd dieser Höhe dort gelagert waren. Die von heute aus als leichtfertig zu bezeichnenden Versprechen einer Solidaritätsstiftung, die von Bundesräten abgegeben wurden, sollen von Parlament und Volk dennoch eingelöst werden. Das stimmfähige und stimmwillige Schweizervolk treibt wie auf einer Wolke durch die Geschichte und weiss nicht mehr, wo ihm der Kopf steht. Wozu sind wir in die UNO eingetreten, wem sollen wir Solidarität beweisen, wo alle Welt unsolidarisch ist? Unter Ausschluss der Öffentlichkeit werden nun auch die Forderungen südafrikanischer Kreise behandelt, die Schweiz möge auch südlich des Äquators Nachzahlungen leisten, weil sich die Schweizer Banken und Teile der Industrie überaus und wenig sittlich dazu in den Jahren der Apartheid am Land und speziell den schwarzen Afrikanern bereichert hätten. Schon wieder die Banken? Sind alle diese Abschlagszahlungen nur deshalb notwendig geworden, weil skrupellose Schweizer Ehrenmänner keinem Geschäft abgeneigt waren? Kein Wunder, dass in der Schweiz in Bezug auf die Geschichte Eiszeit herrscht. Es ist besser, nicht darüber zu sprechen – tabu.

Tabu-Zone Nr. 5:
Stagnation und neue Wüsten

Weil die offizielle Schweiz fortwährend darum bemüht ist, die moralischen Schulden der Vergangenheit mit Milliarden zu bezahlen, weil sie weitere Milliarden in die Förderung internationaler Institutionen steckt und Milliarden aufwendet, um eine schlecht geführte Airline zu sanieren, bleiben im Rahmen des Subsidiaritätsprinzips keine Mittel mehr übrig, um die stagnierenden Zonen im eigenen Land und die neuen Wüsten zu beleben.

In der Schweiz entsteht wirtschaftliches Brachland, wie dies vor fünfzig Jahren nur in New York City und Chicago der Fall gewesen ist. Zu diesen neuen Wüsten gehören einst blühende Industriestädte wie Aarau, Winterthur oder Romanshorn. Dort stehen überall grosse Flächen frei, umgeben von wirtschaftlich schwachen Zonen, die nur als arm bezeichnet werden können. In einer stagnierenden Situation befinden die Kantone Solothurn und Bern, letzterer Kanton, einst der reichste des Landes, ist heute armengenössig geworden und lebt von Zuschüssen von den anderen Kantonen, unter anderem des noch ärmeren Kantons Wallis. Dies mag, wie die Berner Wirtschaftsministerin Elisabeth Zölch sagt, schlaue Berechnung sein, aber das Wort klingt schal. Aus dem Kanton Solothurn wollen grosse Gebiete lieber in den Kanton Baselland abwandern, ebenso Luzerner Gemeinden, denen es in Schwyz und Zug wohler wäre. Die Macht der alten Kantone zwingt diese jungen Körperschaften zu einer Disziplin, die von neuem Leibeigentum nicht weit entfernt ist.

Weil der Bund kein Geld mehr hat für nationale Anliegen, wird im Oberwallis und Graubünden der Bau nötiger Strassen um Jahre verschoben. Die Mittelwalliser Stadt Siders, die sonnenreichste Stadt der Schweiz, verliert laufend an Charakter, weil niemand dort richtig investiert. Auch die Stadt Genf ist bei näherer Betrachtung eine städtebauliche Mischung zwischen Maghreb und hochkapitalistischer formaler Gestaltung. Die Rhonestadt nimmt damit vorweg, was einmal Basel drohen könnte: Dort ist im Zentrum alles Schwamendingen – ganz wie Bombay, São Paulo oder Dakar. Schwamm darüber.

Es wäre ungerecht, angesichts dieser unschönen Mechanismen, die dem Schweizer einen Blick in die Zukunft seines Landes gestatten, nicht auf jene Entwicklungen zu verweisen, die zu Optimismus Anlass geben: Warner mögen ja eine nützliche Funktion haben, wenn auch nicht immer eine schöne, aber entscheidend sind die Macher, die Zukunft gegen alle Vernunft gestalten. Es ist aus dieser Sicht weniger wichtig, was die Gestaltung der Schweiz den Bürger oder die Gemeinschaft kostet als vielmehr die produktive Leistung der Gestalter selbst, welche eine Vision der Zukunft im Kopf haben und die Macht, diese zu verwirklichen.

Zuerst einmal ist es die Wirtschaftsförderung, die in allen Kantonen und in Bern noch Begeisterung weckt. Es gelingt immer wieder, im Rahmen der Europäisierung, aber auch der Globalisierung Unternehmen in die Schweiz zu bringen. Das Land ist zu schön, die Bevölkerung zu reich, das Steuerklima für Unternehmen zu günstig, um sich nicht gerade hier verankern zu wollen. Diese Art profaner Wirtschaftsförderung, wie sie mit Steuermillionen betrieben und mit Steuerverzichten erkauft wird, weckt nicht jedermanns Begeisterung: Der Kanton Zug verzichtet beispielsweise völlig darauf, besteht aber auf einen makellosen Service von hoher Abwicklungsgeschwindigkeit, wenn sich einmal ein Unternehmer finden sollte, der dort einen Standort sucht. Auch das Bundesamt für Aussenwirtschaft betreibt schon Wirtschaftsförderung, verzichtet aber seit Jahren darauf, die Erfolge dieser Tätigkeit zu kommunizieren. Unterdessen haben sich, wie überall, wo Marketing eine Rolle spielt, explizitere Formen der ökonomischen Kommunikation entwickelt. Zwei Versuche sind wegen ihrer Originalität besonders nennenswert: Der «Think tank», von grossen Konzernen gegründet, um die Grundlagen der Wirtschaft zu verbessern, und «Präsenz Schweiz», damit der üble Geruch politisch-wirtschaftlicher Beutelschneiderei global bekämpft werden kann.

Der «Think tank», eine 55-Millionen-Stiftung, auf vorläufig fünf Jahre angelegt, in Zeiten wirtschaftlichen Überschwungs gegründet, hat zwischenzeitlich seine intellektuelle Selbstständigkeit untermauert, indem er gegen die Swissair/Crossair-Sanierung Bedenken anmeldete. Gleichzeitig veranstaltete er eine Serie nationaler Stammtische, um das Schweizer Malaise auf höherem Niveau diskutieren zu können. Die entsprechenden Publikationen sind zu erwarten. Noch spannender ist die Aufgabe von «Präsenz Schweiz», angeführt von Botschafter Johannes Matyassy, der um die Welt tingelt, um eine fröhliche, aufgestellte und keineswegs nur bäuerlich-konservative Schweiz zu zeigen. Genaueres wird sich erst in einigen Jahren sagen lassen, aber es wird in Bern schon als gut betrachtet, wenn man uns nicht vergisst, nachdem es uns in fünfzig Jahren nicht gelungen ist, vielen Midwest-Amerikanern den Unterschied zwischen Schweden und der Schweiz beizubringen.

Einer der wirklich originellsten Wirtschaftsförderer der Schweiz war der Schweizer Botschafter in Berlin, Dr. Thomas Borer-Fielding. Der intelligente und hochdynamische Jurist hat ganz Deutschland mit seinem frechen Charme gewonnen. Er führte einen offenen Tisch, an dem sich Schweizer Unternehmer mit deutschen Bossen trafen, woraus für beide Länder etwas Gutes werden sollte. Die attraktive Botschaftergattin Shawne Borer-Fielding hat mit ihren Auftritten für ebensoviel Verwirrung wie Begeisterung gesorgt. Auf jeden Fall verkörperte die junge Texanerin eine moderne Schweiz wie niemand sonst. Dieses elegante wie im persönlichen Verhalten freizügige Paar wurde von CVP-Bundesrat Joseph Deiss nach Bern zurückgerufen, als Ringier-Starjournalisten es mit einer Kampagne diskreditierten.

Wenn die Wirtschaftsförderung an ihre Grenzen stösst, bleibt es den KMUs vorbehalten, zur eigentlichen Aufstiegshoffnung des Landes zu werden. Das Lob der kleinen und mittleren Unternehmen, von denen es fast 300 000 gibt, wird seit Jahren gesungen. Von den dreissig grossen Konzernen scheint niemand mehr ernsthafte Anstösse für das eigene Land zu erwarten. Die Konzerne bauen ab, entlassen Mitarbeiter, zahlen kaum noch Steuern und sind Verursacher vieler unangenehmer Fragen. Die KMUs jedoch werden im Gegensatz dazu, so die politische und öffentliche Meinung, von ehrlichen Unternehmern geführt, die wieder Arbeitsplätze schaffen und Steuern bezahlen werden, so die Wirtschaftsförderung ihnen diese nicht für zehn und mehr Jahre erlassen hat. Nun, tatsächlich ist die Schweiz ein Land der KMUs, aber noch ist der Beweis nicht erbracht, dass daraus neue Konzerne mit Zehntausenden von Arbeitnehmern entstehen werden. Es müsste sich ohnehin, so die allgemeine Annahme, um hoch spezialisierte Medizin- oder Biotech-Unternehmen handeln, die dem globalen Wettbewerb gewachsen sind.

Ob Serono, Sulzer Medica oder Phonak, noch ist offen, ob und wie diese Unternehmen auf Dauer überleben werden. Diese und viele andere Unternehmen haben grossartige Produkte, ein hervorragendes Management und eine globale Präsenz. Ob dies ausreichen wird, um auf 30 bis 50 Jahre hinaus eine neue Schweizer Erfolgsgeschichte zu schreiben, wird zu überprüfen sein. Eine Fülle von KMUs sind untergegangen oder von Konzernen geschluckt worden, so Kern und Sprecher & Schuh in Aarau, AGIE in Losone, Balzers in Schaan und viele mehr. Andere KMUs stagnieren seit Jahren, wie Ascom in Bern, Schindler in Ebikon, Bühler in Uzwil. Noch viele mehr haben ihre Marktbedeutung verloren, siehe Bally, Feldschlösschen, von Roll. Wer zählt die Namen, nennt die Verluste?

Wenn Wirtschaftsförderung und KMUs nicht genügend Effizienz auf die Beine bringen, sind die Schweizer Hochschulen aufgerufen, neue Felder zu entwickeln: Milliarden sind mit den neuen 5-Jahres-Förderungsprogrammen auf die Hochschulen niedergeregnet. Staatssekretär Charles Kleiber, man sieht und hört ihn selten, weshalb er wahrscheinlich deshalb als einer der intelligentesten Schweizer der Gegenwart gilt, hat den Schweizer Hochschulen zumindest in einem kühlen Coup das EU-Bologna-Modell übergestülpt, womit mehr Performance und mehr Internationalität angesagt sein soll. In Ermangelung relevanter Nachweise kann nur gehofft werden, dass die allmächtigen Institutschefs diese Schätze dazu verwenden, den Maschinenbau wieder zu verjüngen, die Banken an das Niveau ihrer angelsächsischen Konkurrenten anschliessen zu lassen und dem Dienstleistungsplatz Schweiz zu einer Spitzenstellung zu verhelfen, die er dringend nötig hat. Da dieses neue Wissen sicher nur den allerbesten Unternehmen zufliessen wird, bleiben für die KMUs die Erkenntnisse der neu ins Leben gerufenen Fachhochschulen. Wenn beide Institutionen nicht von den nachweislich lese- und rechenschwachen Jahrgängen überrollt werden, bleibt Grund zur Hoffnung.

Ein Schweizer, der nun mutlos dieses Buch bereits jetzt zur Seite legt, um sich angesichts der Dringlich- und Unübersichtlichkeiten Besserem zuzuwenden, findet das Verständnis des Verfassers. Es ist nicht einfach, in diesem wilden Wellenschlag der Jetztzeit den Überblick zu bewahren. Deshalb muss, bevor wir uns den angebotenen Lösungen zuwenden, der Blick auf jene geworfen werden, die sonst gewohnt sind, dies unangefochten selbst zu tun: die Medien.

Der Schweizer Bürger ist in seiner Informationsaufnahme zu fast hundert Prozent abhängig von dem, was ihm die Schweizer Medien als Wirklichkeit vorsetzen. Insofern ist die Wirklichkeit der Schweiz in erster Linie eine Medienwirklichkeit, für die Minderheit der Akteure gilt dies weniger. Es gab in der Schweiz vor zwanzig Jahren noch über hundert Vollredaktionen, sodass damals vom Bannwald der Demokratie gesprochen wurde, der dem Schweizer Stimmbürger hilft, seine Rechte kompetent zu wahren. Es sind noch vierzig Vollredaktionen übrig geblieben, was dem Bannwald kein gutes Zeugnis ausstellt.

Die Tageszeitungen berichten über politische Ereignisse in Bern und anderen Teilen des Landes lammfromm. Jederzeit vorkommende Skandale und Skandälchen führen zu teilweise heftigen Diskussionen, aber im Grundsatz ist man sich einig: die Lage ist vielfach schwierig, aber auf keinen Fall hoffnungslos. Eine zunehmende Zahl von Sonntags- und Wochenzeitungen verbreitet eine gewisse Unruhe, aber niemand regt sich ernsthaft auf, ist die Glaubwürdigkeit der Medien doch seit Jahren abnehmend. In der Westschweiz und im Tessin ist dies noch ausgeprägter, weil auch als richtig anerkannte komplexe Herausforderungen von den Medien nicht über längere Zeit behandelt werden. Selten wird ein Thema über Wochen und Monate mit vertiefter Recherche verfolgt. Die Tagesaktualität dominiert. Die Kommentatoren ändern ihre Meinungen mit bestürzender Geschwindigkeit.

Wer politisch in den Medien fundierten Rat sucht, muss sich die dazu notwendigen Informationen in einem Hindernislauf durch die Seiten über Jahre hin suchen. Es geht zu wie bei der Verfolgung einer Fährte durch den Hochwald. Man muss auf jede kleine Spur, jede kleine Äusserung achten, um den Kontakt mit der Wirklichkeit nicht zu verlieren.

Trotz eines Booms der Wirtschaftsteile in den Jahren des E-Business-Booms ist die Wirtschaftsberichterstattung nicht besser geworden. Die Medien, einschliesslich so genannt seriöse, haben Unternehmen hochgejubelt, die kurz darauf nichts mehr wert waren. Der Personenkult machte aus Spitzenmanagern Helden, die kurz darauf ein Chaos wenn nicht einen Konkurs anmelden mussten. Über die immer grössere Bedeutung ausländischer Unternehmen in der Schweiz hört man sehr wenig. Wo in den Firmen geschwiegen wird, fehlt von aussen die Kraft zur qualifizierten Recherche.

Wichtig sind in den Schweizer Medien die grossen Linien, um den Inhalt zu bewerten: Die Ringier-Redaktionen dienen der nationalen Wirtschaft und stehen den Grosskonzernen, die als kapitalistisch und fast landesverräterisch verachtet werden, kritisch gegenüber. Innenpolitisch ist Ringier national ausgerichtet, wobei das kulturelle Spektrum von Gross-Biel als Massstab gilt. Sozialdemokraten werden geduldet, wenn sie nationale Interessen vertreten. Der Grossverlag der «Neuen Zürcher Zeitung» ist intellektuell immer noch am besten ausgerüstet, vertritt klar die Politik der Konzerne und der Banken und beflügelt Bundes-Bern zu mehr prokapitalistischem Verhalten. Obwohl vom Freisinn offiziell abgekoppelt, wird die Freisinnige Partei weiterhin mit allen redaktionellen Mitteln gefördert. Dies hindert diese aber nicht daran, politisch immer schwächer zu werden. Die Schweizerische Volkspartei gilt der «NZZ» noch immer nicht als standesgemäss, weil zu proletarisch.

Die Tamedia-Gruppe mit ihrem Flaggschiff «Tages-Anzeiger» steckt in einer schweren Krise. Die personellen Mittel auf der Konzern-Führungsebene sind erschöpft, Expansionsversuche gescheitert. Neue Köpfe, ausser einem deutschen CEO, sind kurzfristig nicht in Sicht. Daran leiden praktisch alle Redaktionen, die bei einer Mitte-links-Grundhaltung eine vorsichtige «Stand-still-Politik» fahren. Ein Ausbruch aus dieser Phase ist möglich, wenn die ganze Gruppe wieder intellektuell geführt wird, was bei der «NZZ» sehr anständig und bei Ringier in Teilen der Fall ist. Die Basler-Mediengruppe ist ein unternehmerisches Trauerspiel, weil der Gründergeneration kein adäquater Nachwuchs folgte. Die Expansion nach Zürich ist missglückt. Es bleibt abzuwarten, wie lange die Familienaktionäre diesen Zustand der Stagnation noch hinnehmen werden.

Informieren die Medien das Volk richtig? Wer sich die Mühe macht, täglich mehr als zehn Zeitungen und Zeitschriften zu lesen, hat einen recht guten Informationsstand. Wer nicht dazu in der Lage ist, muss sich damit abfinden, dass sein Bild vom Land immer virtueller wird, der ihm vermittelte Schein deckt sich immer weniger mit der Wirklichkeit.

Die SRG als nationales Grossmedium ist eine staatstreue Institution geblieben, die mit einem gut ausgestatteten Budget das geistige nationale Reduit sichert. Die Nachrichtensendungen sind brav, die Kultursendungen mittelmässig. Eine Wirtschaftssendung von Belang gibt es nicht.

Das Monopol verhindert echte Innovation und erschöpft sich in Belanglosigkeiten für die langsam überalternde Bevölkerung. Ausländische TV-Sender stehen in Fülle zur Verfügung und verhindern ein sonst sicheres Schrumpfen des aktuellen Wissensstandes. Die Westschweiz und das Tessin haben kein nationales Medium von Bedeutung mehr. Eine interessante Lösung ist die redaktionell enge Zusammenarbeit

zwischen «Le Temps» und «Aargauer Zeitung», der jetzt dritt-
grössten Schweizer Tageszeitung, die unter Leitung des ambi-
tionierten Verlegers Peter Wanner den Ehrgeiz der zahlreichen
Regionalzeitungen deutlich macht. Die jetzt erfolgte Übernahme grosser Teile der Basler Medien Gruppe durch Dritte
ist ein logischer Schritt. Die Wirtschafts-Monatszeitschrift
«Bilanz», die abgewirtschaftete «Weltwoche» und der popu-
listische «Beobachter» irrten in den letzten Jahren durch zu
viele wenig qualifizierte Verleger- und Unternehmerhände, als
dass sie hätten Bestand haben können. Nicht mehr lange wird
es dauern, bis auch die stärkste Verlagsgruppe der Westschweiz, die Edipresse Group, sich einem Deutschschweizer
Partner anschliessen wird. Die Expansion des Westschweizer
Verlegers Lamunière ins europäische Ausland ist ins Stocken
geraten. Eine Partnerschaft mit Tamedia liegt auf der Hand.

Daraus ergibt sich ein Bild, wer die Schweizer Bevölkerung
in den kommenden Jahren in grossen Zügen informieren wird:
Eine Koalition ist im Aufbau, die sich zusammensetzt aus der
Landesregierung, den grossen Finanzkonzernen und den grossen Medienhäusern. Diese Trinität muss gemeinsam die grossen Aufgaben der Zukunftsgestaltung des Landes angehen und
das demokratisch verankerte Volk überzeugen. Wenn sie in einer Reihe steht und im Kern gleiche Auffassungen nach aussen
vertritt, wird es der Schweizer, die Schweizerin schwer haben,
sich eine andere Auffassung zu eigen zu machen.

Die NZZ-Gruppe wird dann mehr noch als heute die intellektuelle Vordenkerrolle übernehmen und den Rahmen setzen, der als korrekt zu gelten hat. Ringier und die Tamedia-Gruppe, letztere verstärkt durch den Einstieg in die

Westschweiz via Edipresse, werden dem Mittelstand und den einfachen Bürgern Podien der Aufklärung bieten. Die SRG wird mit ihren Radio- und Fernsehprogrammen für den nationalen Kitt sorgen und die «Idée Suisse» aufbauen.

Damit verfügt die Schweiz über einen politisch-wirtschaftlichen Führungspool, mit welchem auch grössere politische Aufgaben gemeistert werden können, zum Beispiel der Beitritt zur EU oder anderen grösseren Einheiten. Eine Reihe von Fragen bleiben vorläufig noch offen. Wie werden sich die regionalen Verlagshäuser entwickeln, wenn die Wirtschaftslage noch einige Zeit schwach bleibt? Wann kommt ein nationales Schweizer Privatfernsehen, das jetzt in den ersten Anläufen gescheitert ist? Werden die grossen ausländischen Verlagshäuser, welche die Schweiz als Markt entdeckt haben, damit gebremst werden können? Welche Folgen hat die Konzentration auf Verlagsseite für die Kommunikationswirtschaft, vor allem die Werbeagenturen, die derzeit die schlechtesten Jahre ihrer Geschichte erleben?

Fragen über Fragen, die deutlich machen, dass die Schweiz gerade jetzt, kurz vor den nächsten National- und Ständeratswahlen im Herbst 2003, in einer Wendezeit steht. Jetzt werden die Voraussetzungen geschaffen für die Grundlagen und Erfolge des Landes, seiner Wirtschaft und Menschen, für die kommenden zwanzig Jahre. Rücken die Schweizer Eliten zusammen oder fallen sie noch weiter auseinander? Entsteht daraus eine Elite, die sich dem Fortschritt öffnet, oder bleibt sie dem Schutz des Vergangenen zugewandt? 300 Tage liegen vor uns, wo am Ende der Stimmbürger entscheiden wird, wem er den Marschallstab in die Hand drücken wird.

300 Tage,
welche die Schweiz verändern

Es gibt in der Geschichte immer wieder Zeiten, wo der Fluss der Handlung sich beschleunigt, wo jahrelang aufgestaute Entscheide plötzlich reif werden, wo Veränderungen, sprunghafte Anpassungen eintreten, die zuvor niemand für möglich gehalten hätte. Genau in eine solche Zeit sind wir jetzt eingetreten.

Die Schweizer Politik hat in den letzten zwanzig Jahren stagniert. Sie ist in eine Phase stürmischer Verschuldung eingetreten, die von der Sache her nicht gerechtfertigt war. Es ist vor allem der Bund, der diese Schuldenwirtschaft ausgelöst und gefördert hat. Was wollte er damit erreichen? Es ist das Departement des Innern, welches das meiste Geld ausgibt. Fragt man sich wofür, dann sind dies mehrheitlich Subventions- und Förderungsbeiträge, welche die Schweiz zusammenhalten sollen. Einigkeit mit innerem Frieden wird durch Zuwendungen in Milliardenhöhe erkauft. Die soziale Wohlfahrt fordert einen hohen Preis. Das Finanzdepartement ist der zweite «big spender» und gibt das Geld via Finanzausgleich für die gleichen Ziele aus: Zusammenhalt der Kantone und Unterstützung der Schwächeren im Lande. Wie soll man eine solche Politik nennen? Verantwortungsbewusst? Vielleicht sogar mit sozialistischen Tendenzen, an denen die Staaten Osteuropas vor kurzem scheiterten? Die Zahl der Staatsbettler hat auf allen Stufen zugenommen. Nicht nur Private greifen in die Taschen des Staates und damit der Steuerzahler, sondern auch viele Branchen, von den Bauern bis zu den Verlegern, die Kantone und strukturschwachen Regionen.

Sämtliche politischen Führungsbereiche des Landes sehen wie ein Flickenteppich aus, tausendmal verbessert auf einer Grundstruktur, die immer dünner, immer krisenanfälliger wird. Diese Entwicklung ist die Konsequenz einer Regierungspolitik, die seit über drei Generationen daraufhin ausgerichtet ist, die Macht in den eigenen Händen unter Kontrolle zu erhalten. Die Sozialdemokraten wurden an der Macht beteiligt, als es nicht mehr anders ging. Sie fügten sich in das Machtgleichgewicht ein und stabilisierten es. Weil auch sie ihre Klienten hatten, die versorgt werden wollten, wurden sie bürgerlich in ihrem Verhalten und ihren Ansprüchen, was die Ausgaben nur noch steigerte.

Kleinere politische Gruppen, wie die Partei der Arbeit, der Landesring der Unabhängigen oder die Autopartei, wurden auf Distanz gehalten. Sie verschwanden dann auch bald wieder. In dieses eher behagliche Szenario wuchs während fast dreissig Jahren die von Christoph Blocher aufgebaute neue Schweizerische Volkspartei hinein, die mit der alten Partei gleichen Namens nichts mehr zu tun hat ausser dem Restbestand nationaler Fossilien, welche die Welt von heute an dem messen, was vor achtzig Jahren war. Die neue Blocher'sche SVP sollte das bestehende Machtgleichgewicht ernsthaft in Frage stellen.

Die Kantone bieten das Bild der alten Schweizer Politik. Sie sind bürgerlich bis in die Knochen hinein, auch wenn die Sozialdemokraten dort ihre Positionen aufgebaut haben. Die Kantone sind, wer wäre darüber auch erstaunt, in Finanzbelangen viel vorsichtiger und seriöser als der Bundesrat. Sie leiden unter strukturellen Schwächen, auch unter dem zunehmenden inneren wirtschaftlichen Leistungsabstand untereinander, verfolgen aber mehrheitlich eine Politik des Augenmasses, wozu sie von ihren bürgerlich dominierten Parlamenten auch gezwungen werden.

Im Unterschied dazu sind praktisch alle grossen Schweizer Städte in der Hand von Sozialdemokraten, die Stadt Lausanne sogar in der Hand eines grünen Politikers. Auch dies nicht überraschend: Alle Städte haben ernsthafte Budgetierungsprobleme, geben Geld weit über ihre Möglichkeiten hinweg aus und verlangen mit gewaltigen Betteltouren Geld von jedermann, der Nachbarschaft, den Kantonen, dem Bund, den Reichen.

Solange die Kassen voll waren, hat sich jede Anspruchgruppe ohne Hemmungen bedient, die «alten Bürgerlichen» der Mitte-rechts-Parteien ebenso wie die «neuen Bürgerlichen» der Mitte-links-Fraktionen. Jetzt, wo die Schweiz sich immer mehr den negativ definierten EU-Kriterien annähert und nicht mehr weit davon entfernt ist, bei gleichlaufendem Trend die den EU-Staaten gesetzten Budget- und Finanzziele zu verfehlen, wird die Anti-EU-Haltung immer fragwürdiger.

Wirtschaftsminister Pascal Couchepin, kein Mann der Visionen, nennt drei Möglichkeiten der Schweiz, sich der EU anzuschliessen:

- ihr beizutreten, weil alle Versuche, ihren Beitritt zu verhindern, gescheitert sind;
- ihr beizutreten, wenn die Schweiz mittelmässig wird und das Steuerniveau der Bürger EU-Niveau erreicht hat;

- ihr – ehrenvoll – beizutreten im Vollbesitz aller wirtschaftlichen, wissenschaftlichen und gesellschaftlichen Kräfte.

Im Augenblick sind wir dabei, die Variante zwei sehr aktiv zu verwirklichen.

Die Schweizer Wirtschaft gerät ebenfalls mit grosser Geschwindigkeit in einen kritischen Zustand, der sich vor den kommenden Wahlen kaum verbessern wird. Längst hat im ganzen Land eine Dreiteilung auch der Unternehmen stattgefunden. An der Spitze stehen die Hochleistungsfirmen von globaler Ausrichtung und Kompetenz. Sie haben keine Schwierigkeiten, auch in stürmischen Zeiten das Richtige zu tun. Dazu zählen viele, aber nicht alle Unternehmen des Finanzplatzes, hoch spezialisierte Industrie- und Dienstleistungsfirmen und die ausländischen Konzernsitze in der Schweiz. Zu den Nachzüglern erster Kategorie zählen einige zehntausend Unternehmen jeder Grösse, die kaum Fortschritte machen, aber auch nicht zurückfallen. Mit einer Perspektive von zehn Jahren stehen aber weit über hunderttausend Unternehmen zweiter Kategorie vor dem Untergang, weil sie keine Mittel mehr erwirtschaften, um am Leben zu bleiben, weil sie keine geeigneten Mitarbeiter mehr finden und ihnen jegliche innovative Kraft verloren gegangen ist. Diese Unternehmen findet man in der Landwirtschaft, in Hotellerie und Tourismus und – vor allem – im Gewerbe.

Die Wirtschaft selber hat sich entsolidarisiert. Die Banken geben den Unternehmen nach Möglichkeit keine Kredite mehr. Die Zuschüsse von Bund und Kantonen werden vermehrt ausbleiben. Wer sich, auch als Kleinunternehmer, jetzt nicht bewegt, wird den Abend nicht mehr erleben.

Der Reformstau der Politik und die Veränderungsgeschwindigkeit der Wirtschaft prallen wie zwei Eisberge aufeinander. Das nach herkömmlichen Prinzipien zusammengesetzte Parlament, dessen Wählerstimmen vor allem aus den untergehenden Wirtschaftssektoren kommen, sucht den Erneuerungsprozess durch Subventionen abzufedern, die eigentlich sinnlos sind. Ein Beispiel dafür ist die Rettung der Swissair durch eine Verwandlung in eine neue «Swiss».

Wenn eine Politik eine Lösung sucht für die von ihr angerichteten Missstände, wenn der Veränderungsprozess in der Wirtschaft nicht gebremst werden kann, wenn die Hochschulen sich weniger rasch anpassen, als dies eigentlich nötig wäre, und die Primar- und Sekundarschulen zu dreissig Prozent wenig qualifizierte Schüler liefern, wer kann dann die Weichen stellen? Die Entsolidarisierung der Medien vom Volk, dessen Aufklärungs- und Freiheitssymbole sie vor 150 Jahren einmal waren, ist längst Wirklichkeit. Die Verleger brauchen nur noch Inserenten und diesen wiederum Leser bieten, möglichst viele, möglichst wohlhabende und konsumfreudige. Die redaktionellen Inhalte müssen ein Mindestmass an Qualität bieten, damit die meinungsbildenden intelligenten Minderheitsgruppen unter den Lesern nicht abspringen. In diesen Medien haben auch Intellektuelle nur einen engen Spielraum. Sie dürfen mit Fragen den Leser kitzeln, aber auf keinen Fall ängstigen. Sie dürfen die Haltung der Redaktion nicht ernsthaft infrage stellen, weil sonst die Redaktion sich fragen müsste, was sie eigentlich denkt. Deshalb sind die

Schweizer Intellektuellen fast ausgestorben oder domestiziert zu einem Suppenboy-Intellektuellentum, bei dem man sich zwar die Lippen verbrennen darf, aber davor auch gewarnt wird. In einem Land, wo freie geistige Arbeit immer noch vielen verdächtig ist, sind Intellektuelle Exoten geblieben.

Der Typus des guten Intellektuellen, wie er als Nutztier geduldet wird, ist meist im Umfeld der Hochschulen zu finden. Professor Georg Kreis dient der Rechtfertigung der Eliten und grenzt soziale Gruppen politisch korrekt voneinander ab, indem er erklärt, was Rassismus ist und was nicht. Professor François Bergier hat der Schweiz wieder ein Geschichtsbild gegeben, das wegen seiner Unvollständigkeit noch vielen seiner Nachfolger gut bezahlte Arbeit verschaffen wird.

Professor Georg Kohler bestätigt den Politikern: «Die Schweiz ist vital und handlungsfähig.» Er anerkennt auch die Rolle der USA als Weltpolizist, wobei er diesen empfiehlt, sich einem Weltverfassungsrecht zu unterstellen. Wer dies angesichts der bekannten Haltung der USA in solchen Fragen nicht als komisch empfindet, muss an der Uni Zürich, wo Professor Kohler lehrt, einen Nachholkurs belegen. Wenn uns derselbe Professor dann versichert, «die Blocher-Schweiz ist nicht mehrheitsfähig», ist dies wohl klug. Aber ist die Brunner-SP mehrheitsfähig oder ist es die Bührer-FDP?

An diesen wenigen Beispielen soll aufgezeigt werden, auf welch bescheidenem Niveau heute die Analysen der Intellektuellen angelangt sind. Von dieser Seite ist wohl kaum eine vertiefende Betrachtung zu erwarten. Solche Analysen passen jedoch gut in den Flickenteppich, den man politisch-wissenschaftliches Establishment nennen könnte.

Kann das Volk selber eine Revolution wagen? Ich habe das stets bestritten, denn das Schweizervolk wird immer älter und ist der Dinge müde geworden. Revolutionen aber gehen meist von Jüngeren in guten Verhältnissen aus, siehe Lenin, Che Guevara oder Osama bin Laden. Das Schweizervolk könnte allerdings eine in der menschlichen Geschichte einmalige Revolution wagen, für welche die Zeichen nicht einmal schlecht stehen: die romantische Revolution nicht in die Zukunft, sondern zurück in die Vergangenheit. Tatsächlich besteht im Herbst 2003 die Möglichkeit, dass ein derartiger Salto rückwärts die Schweizer Politik definieren könnte. In der Praxis hiesse dies einen Sieg der Blocher-SVP vorauszusagen, verbunden mit dem Einzug eines zweiten SVP-Bundesrates in die Landesregierung. Der «point blanc» würde mit Sicherheit erreicht, wenn in diesem kommenden schicksalhaften Herbst der Stimmenanteil der CVP deutlich unter 15 Prozent sinken würde.

Vor diesem Hintergrund gilt es nun, die Parteien, die zu diesem Kampf antreten werden, genau zu analysieren, damit der Stimmbürger weiss, was er tut oder tun sollte.

Warum wird die SVP wählbar?

Die Schweizerische Volkspartei, übernommen, verändert, und angetrieben von ihrem Neugründer, Chefstrategen und Volkstribun Christoph Blocher, verspricht ihren Wählern und dem Volk mehr Heimat, den Reichen im Land andauernde und höhere Gewinne. Sie ist gegen Ausländer und Immigranten, weil dies das Volk beruhigt. Sie ist für niedrigere individuelle Steuern und gegen den EU-Beitritt der Schweiz, weil die reichen Schweizer, zu welchen auch Parteiführer der SVP zählen, dies so wollen. Der Ruf nach niedrigeren Steuern wird von allen verstanden, weil sie heute auch in der Schweiz unnatürlich hoch sind. Die Nichtzugehörigkeit zur EU sichert vielen Schweizer Unternehmern, Spenglermeistern wie Spitzenbankiers, Automobilimporteuren wie Herstellern und Verkäufern von Büchern Monopolgewinne, die sie als EU-Mitglied verlieren würden.

Von einem frühzeitigen Beitritt betroffen wäre vor allem der Finanzplatz, der die Gewinne im Inland in den letzten fünfzehn Jahren dazu benutzt hat, ein globales Bankensystem aufzubauen. Ohne den Schutz des Sonderfalls Schweiz mit Sondergesetzen, wie dem Bankkunden-Geheimnis, wäre die Finanzierung der Weltexpansion nicht möglich gewesen. Wenn die Schlachtschiffe der Schweizer Wirtschaft, darunter auch die ganze Auto- und Transportbranche, die Baubranche und viele andere Dienstleister, den mindestens europäischen, wenn nicht globalen Anschluss geschafft haben, ist die Schweiz reif für den EU-Beitritt. Die SVP hält den Riegel so lange geschlossen und wird dann für einen EU-Beitritt plädieren, wenn wir und die EU reif füreinander sind.

Die ihrer einfachen Wählerschaft entgehende Kapitalfreundlichkeit der SVP ist auch ablesbar am Parteiprogramm, dessen Aussagen zur Wirtschafts- und Finanzpolitik wesentlich präziser und kohärenter sind als jene der klassischen Wirtschaftspartei, der FDP. Auch in diesem Teil ist die SVP für die Wirtschaft und deren blaublütigen Teile wählbar geworden.

Vor allem aber gewinnt die SVP dauerhaft, weil die FDP, ihre frühere Mutterpartei, sich seit zwanzig Jahren in einem politischen Dauertief befindet, bei dem noch keine Besserung absehbar ist. Wo die FDP mangels programmatischer Klarheit, personeller Schwächen oder zweckgebundenem Linkstrend Platz in der rechten Mitte freigab, rückte die SVP vor. Jetzt ist sie im Begriff, auch die Bastionen der CVP zu nehmen, die dem «C» in ihrem Namen mehrfach abgeschworen hat und damit ihre Daseinsberechtigung infrage stellt. Auch die Westschweizer Bevölkerung, lange im Anti-Blocherismus befangen, hat damit begonnen, bis zu zwanzig Prozent ihrer Stimmen der SVP zu liefern.

Blochers SVP hat Geld, viel Geld, und ihre Kader sind in der Parteiarbeit fleissiger als die der anderen Parteien. Die Präsenz der Partei in den Kantonen ist von derzeit unübertroffener Breite. Es ist auch ein interner personeller Aufbau erfolgt, sodass Christoph Blocher sich auf einen breiten Kreis fähiger Mitarbeiter verlassen kann. Bestes Beispiel dafür ist Parteipräsident Ueli Maurer, der sich aus unsicheren Anfängen, wo er der meistverlachte Schweizer Politiker war, zu einer Persönlichkeit stilisierte, die heute weithin Respekt geniesst.

Diese SVP, so einer ihrer Chefideologen, Nationalrat Ulrich Schlüer, will die Wahlen im Herbst 2003 gewinnen. Sie will dies erreichen mit einer starken Führung von innen her, einer intensiven Programmarbeit, die Geschlossenheit und Kohärenz vermitteln soll. Damit strahlt die SVP nach aussen Zuverlässigkeit aus. Sie will deutlich machen, dass sie den politischen Übergang auch in einer Zeit nach Blocher meistern kann. Alle Versuche ihrer Konkurrenten, Blocher zur Aufgabe seines politischen Kampfes zu bewegen, sind ebenso gescheitert wie die Modelle, die Blocher-SVP durch die Montage so genannt liberaler Kantonalparteien in Bern und im Bündnerland aufzubrechen. Heute gibt es keine liberalen SVP-Kantonalparteien mehr.

Das Vorbild für die SVP ist die bayerische CSU, deren Gegner die deutsche SPD in ihrer bayerischen Variante ist. Auch die SVP sieht die SP als ihren Gegner an. Die Sozialdemokraten würden, so Schlüers Vorwurf, die Sozialbürokratie aufblähen, den Beamtenapparat verteuern und damit dazu beitragen, die Schweiz an die Grenzen der Unproduktivität zu bringen. Diese, befürchtet die SVP, seien rascher als erwartet erreicht.

Den EU-Behörden wirft die SVP vor, sie würden wie ein Direktorium funktionieren und die Lenkung nach den Prinzipien der Aristokratie wahrnehmen. Ironischerweise vergisst die Partei dabei gerne, dass auch der siebenköpfige Schweizer Bundesrat nach dem Prinzip des französischen Direktoriums geformt wurde.

In der für die SVP-Wähler wichtigen Ausländerfrage wirft

Schlüer als Sprecher der ganzen Partei den Behörden eine bewusste Ohnmacht im Handeln vor. Es sei besser, allen Immigranten während fünf Jahren keine Sozialeistungen zu entrichten. Dann wäre diese Frage gelöst.

Die SVP vertritt eine an den nationalen Interessen ausgerichtete Politik. Sie gibt vor, dem Einzelnen mehr Freiheit im Markt verschaffen zu wollen, und sagt nicht, dass sie ihn dort alleine stehen lassen wird. Sie bedauert, dass die Staaten Europas zu Hilfsvölkern der US-Amerikaner werden und tut selbst nichts, damit die Schweiz zur Stärkung Europas etwas beiträgt. Sie verspricht weniger Staat, ebenso wie die FDP vor über zwanzig Jahren, und niemand weiss, welche ihrer Versprechen sie je einlösen wird.

Schafft die FDP eine Renaissance?

Es sieht im Augenblick nicht so aus, als könne die FDP einen Wiederaufstieg auf die Höhen des alten Wirtschaftsfreisinns schaffen. Ihr Hoffnungsträger ist Parteipräsident Gerold Bührer, der die Partei in einem weitgehend zerrütteten Zustand übernommen hat. Unter seinem Vorgänger Franz Steinegger kam eine geordnete Programmtätigkeit nicht mehr zustande. Die kantonalen Parteien verfielen zusehends in die Dekadenz: Zürich, Aargau, Graubünden, Genf – die Liste der freisinnigen Krisenkantone ist lang.

Bührer will die kantonalen Parteien wieder auf eine Erfolgslinie bringen, die er dann national überhöhen muss. Schafft er dieses nicht, sinken die Chancen der FDP nochmals um fünfzig Prozent, den Wiederaufstieg bis zum Herbst 2003 zu schaffen. Diese innere Kohärenz, welche in der FDP weitgehend verloren gegangen ist, braucht ein starkes Generalsekretariat, das heute einer Kampfsituation noch nicht gewachsen ist. Wirtschafts-, finanz- und sozialpolitisch hat Bührer den Weg zur Vernunft wieder eingeschlagen, was ihm seine Gegner als zu SVP-nahe vorwerfen. Natürlich haben sie Recht, aber die als beispielhaft genannte «Koalition der Vernunft» zwischen FDP und SP in der Stadt Zürich ist eine wacklige Angelegenheit, die der SP Stimmen bringt und die FDP zu einer bürgerlichen Minderheitspartei sogar zahlenmässig hinter der SVP werden lässt.

Dieser Bührer-Schwenk nach rechts ist unvermeidlich, soll die FDP als Wirtschaftspartei gerettet werden. Alleine würde es aber nicht genügen, um der FDP den notwendigen Schwung zu verleihen. Nach dem Abgang des grossartigen FDP-Aussenpolitikers Ernst Mühlemann ist die Frage seiner Nachfolge in dieser politischen Schlüsselposition ungelöst. Die FDP braucht einen Aussen- und Aussenwirtschaftspolitiker von hohen Gnaden für die bevorstehenden Jahre der Annäherung an die EU und die Abwehr überzogener Forderungen an die Schweizer Wirtschaft.

Kulturell und gesellschaftspolitisch lebt die FDP in der Steinzeit. Während Blocher mindestens Hodler und Anker sammelt und sich einen eigenen Schmalspurhistoriker leistet, hat die FDP in dieser Richtung nichts zu bieten ausser Wüste. Die Sozialdemokraten sind auf allen, auch modernen kulturellen Anlässen zu sehen, aber wo ist die FDP? Am Jasstisch hat sie den Platz übernommen, den die SVP verlassen hat.

CVP – ein Single sucht Anschluss

Wenn eine der grossen bürgerlichen Parteien der Vergangenheit als Nächste auf dem Weg in die politische Bedeutungslosigkeit ist, dann handelt es sich um die CVP. Die frühere Honoratiorenpartei hat sich während 20 Jahren selbst zerstört durch Aufgabe ihres christlichen C-Fundamentes, eine katastrophale Personalpolitik auf oberster Parteiebene mit vier schwachen ParteipräsidentInnen hintereinander und ohne die Sicherheit, dass der amtierende Parteipräsident besser geeignet ist. Schliesslich gab eine starke Frauenemanzipationsfront der Glaubwürdigkeit der Partei den Rest.

Philipp Stähelin, der amtierende Parteipräsident, hat sich nach einem lebhaften, manchen als vielversprechend geltenden Start wieder in die Sicherheit der Parteiroutine zurückgezogen. Er wird assistiert von einer Vizepräsidentin aus dem Aargau, die zusammen mit ihrem ehemaligen Wahlkampfhelfer, der zum Partei-Generalsekretär befördert wurde, für Aktionitis sorgt. Damit ist die CVP zu einem Zubringerboot für SP und FDP geworden. Früher war dies nicht anders, aber man konnte sich auf starke kantonale Positionen berufen, die heute langsam an die SVP verloren gehen.

Sollte die CVP im Herbst 2003 deutlich unter die 15-Prozent-Marke absinken, wird sie einen Bundesrat abgeben müssen. Verliert auch die FDP deutlich, ist das Zusammengehen beider Parteien nur eine Frage der Zeit.

SP – Chaos
von hohem Unterhaltungswert

Wer Christiane Brunner, die Präsidentin der SP Schweiz, nicht mag, begeht kein Verbrechen. Sie hat aus ihren beschränkten Möglichkeiten als Arbeiterkind und Gewerkschaftssekretärin viel gemacht. Nicht jede Frau kann eine Rosa Luxemburg werden – Christiane Brunner definitiv nicht.

Ihr die Schuld für den Niedergang der stolzen Sozialdemokratischen Partei der Schweiz zuzusprechen, wäre zu viel der Ehre. Die Partei wurde schon durch ihre Vorgängerin, die Zürcherin Ursula Koch, in den Abgrund getrieben. Diese war wiederum die schreckliche Folge des Oberwalliser Politexzentrikers Peter Bodenmann, der seither wie ein Gnom in seinem engen Tal sitzt und Gift und Galle über seine Nachfolger speit. Peter Bodenmann aber war der Ziehsohn und gewünschte Nachfolger des einst legendären Basler SP-Präsidenten Helmut Hubacher, der heute rund um Basel als der grösste Sozialdemokrat der Welt gilt.

Die Partei ging also nicht unter der Genferin Christiane Brunner zugrunde, sondern zersplitterte, weil sie den Weg in die europäische Moderne nicht fand. Die Sozialdemokraten, denen man heute begegnet, sind altmarxistische und grüne Ärzte, Professoren und Autoren, Verbandsgeschäftsführer und einige wenige Gewerkschaftsbosse. Diese Führungselite, von intellektuellen Grossbauern und vielen Lehrern unterstützt, hat nur noch ein gemeinsames Ziel: die individuelle Karriere, sei es beim Staat oder in dessen Umfeld, am besten aber gleich als Bundesrat.

Die SP ist wie ein Traktor, der immer noch läuft, obwohl er unterdessen fast alle betriebsnotwendigen Teile verloren hat. Was Jospin, Schröder und Blair schafften, die Übernahme der Macht in einem Land, hat die SP Schweiz verspielt durch politischen Exotismus. Jede Minderheit wurde zum Parteiziel gemacht, die eigene Mehrheit des Volkes im Land vergessen.

Es ist angesichts der Lage der Wirtschaft und des Landes durchaus möglich, dass die SP auch 2003 zu den Gewinnern gehört. Aber dies ist nicht Verdienst der Parteiführung, sondern Folge einer sozialen Entwicklung, welche die Partei begünstigt. Bietet die SP weiterhin das trostlose Bild heimatloser Mütter, wird die SVP auch dieses unbeackerte Feld übernehmen.

Wonach ist der Bundesrat zu beurteilen?

Das Land muss auch in schwierigen Zeiten regiert werden. Es liegt an den Bundesräten, dies zu tun. Angesichts der Schwäche der Parteien, deren Konzeptionslosigkeit und inneren Widersprüche müssen die Bundesräte aufgrund der Vorarbeiten ihrer Spitzenbeamten in direkter Zusammenarbeit mit den Unternehmern einen Weg suchen. Starke Bundesräte sind deshalb doppelt notwendig, schwache eine Gefahr.

Aus der Sicht des Bundesrates haben wir gerade das schwierigste Jahr seit Marignano hinter uns. Aus dem «Dreamland Switzerland» ist das «Screamland Switzerland» geworden. Der Schuldenberg steigt, und die Parlamentarier verlangen Mittel, um ihre Wiederwahl zu sichern. In dieser Lage muss unterschieden werden zwischen dem, was der Bundesrat sagt und was er tut. Sein Vorschlag, eine zweite Ministerebene zu schaffen, wurde im Land ungnädig aufgenommen, aber von den Politikern und der Verwaltung begrüsst. Warum? Diese zweite Ministerebene ist eine Voraussetzung dafür, dass die Schweiz die Aufgabe einer Mitwirkung bei der EU überhaupt bewältigen kann. Es handelt sich bei den neuen Positionen um Fachminister, die berechtig sein werden, an den zahlreichen Tagungen und Konferenzen der EU-Staaten teilzunehmen.

Dieser wichtige Schritt, der allerdings nur innenpolitisch begründet wird, beweist die Konsequenz, mit welcher Bundesrat und Verwaltung den kommenden EU-Beitritt betreiben. Offensichtlich sind heute im Bundesrat die – heimlichen – EU-Beitrittsbefürworter in der Mehrzahl.

Führerschaft wird jetzt besonders vom Bundesrat verlangt, weil Parteien und Wirtschaft verwirrende oder gar keine Impulse mehr geben. Die Kirchen haben sich in ein immer mehr entleertes Ghetto zurückgezogen, die Universitäten verwalten die ihnen zugesprochenen Finanzmittel, und vom Militär spricht eigentlich niemand mehr. Es rüstet in aller Stille technisch um und auf, vereinfacht die Truppenstruktur und macht sich NATO-kompatibel.

Man rechnet im Bundesrat damit, dass Christoph Blocher nach den für ihn erfolgreichen Wahlen zwischen 2003 und 2006 das Parlament verlassen wird. Der Widerstand gegen einen EU-Beitritt, so sieht es der Bundesrat, lockere sich schon heute, womit die politischen Spielräume grösser werden. Es sei nicht ausgeschlossen, dass die Schweiz auch zu einem Zwei-Parteien-System übergehen werde. Wenn SP und CVP zusammengehen, fände die derzeit schwache FDP eine Ergänzung bei der SVP. Dann hätte, wie im Fall der Swissair, die jüngere Tochter die Mutterpartei übernommen.

Der nicht laut deklamierte, aber fest vorgesehene Beitritt zur EU ist auch deshalb nicht auszuschliessen, weil die gesamtwirtschaftliche Situation des Landes dies erzwingen kann. Es ist nicht sicher, dass die Schweizer Konjunktur bis zum Jahr 2003 wieder anspringt. Ein gegenüber dem Euro bewusst geschwächter Franken und eine notfalls gelockerte Geldpolitik der Nationalbank könnten dann bei schwacher Produktivität rasch zu einem Inflationsanstieg führen. Die Schweiz hätte dann das schlechtestmögliche Szenario aufzuweisen: eine zunehmende Staatsverschuldung, sich verschlechternde Marktbedingungen, einen starken Druck auf Schweizer Wirtschaftsbranchen von aussen, zum Beispiel in Sachen Bankgeheimnis. Gleichzeitig würden die Kosten im Inland (AHV, Gesundheitswesen, Verkehr) weiter stark ansteigen, sodass von Steuererleichterungen keine Rede mehr sein könnte. Im Gegenteil: Die Mehrwertsteuer würde steigen und sich dem EU-Niveau angleichen.

Unter diesem Druck von innen und aussen dürften Beamte, Bewahrer und Unzufriedene weiter zur SVP überlaufen. Diese BBU-Koalition würde dem Fortschritt jedoch nur im Weg stehen und die Kosten für die Erneuerung der Schweiz in die Höhe treiben. Die Parteien selber würden sich in Machtkämpfen um die Organisation des Landes aufreiben, vor allem hinsichtlich der Finanzen, der Sozialpolitik und der Sanierung niedergehender Industrieunternehmen.

Gerade das Versagen der Wirtschaft, wie im Falle der Swissair und des einer Warnung gleich kommenden Auszugs des World Economic Forums aus Davos, macht dem Bundesrat Sorge und zwingt ihn mit seiner Beamtenstruktur zu mehr Staat als gewünscht. Um dies bewältigen zu können, benötigt er in erster Linie ein neues Organisationsreglement. Darin muss die bisherige Gesamtverantwortung aller Bundesräte für jedes einzelne Dossier aufgehoben werden. Es wird eine Regelung angestrebt, die der deutschen ähnlich ist, wo jeder Fachminister sein Dossier definitiv bearbeitet und verabschiedet. Die vom Schweizervolk zu beschliessende Einführung von Fachministern ist ein erster Schritt in diese Richtung.

Ob das Schweizervolk dies trägt, kann im Augenblick noch

nicht gesagt werden. Ein gutes Drittel der Stimmenden sind EU- und NATO-freundlich. Ein Drittel neigt zum SVP-Kurs à la Blocher. Die Zukunft des Landes hängt weitgehend vom Stimmverhalten der schwankenden Mitte ab, die ebenfalls ein Drittel aller Stimmberechtigten ausmacht.

Grosse Bedenken herrschen im Bundesrat hinsichtlich der bisherigen Art der Berichterstattung der Medien. Es fehle den Medien in vielen Sachgebieten an dem notwendigen Wissen. Vielerorts liege der Wissensstand der Medien mehr als fünf Jahre hinter den aktuellen Vorgängen zurück. Das erschwere die politische Umsetzung gerade in einer Demokratie. Aus dieser Sicht ist die Annahme gerechtfertigt, dass der Beginn der Zusammenschlüsse der grossen Schweizer Medienkonzerne mehr Qualität im Journalismus erlaubt und aus Berner Sicht begrüsst wird.

Auch um den politischen Nachwuchs ist es aus der Sicht des Bundesrates nicht gut bestellt. Die Schweiz habe nicht nur zu wenig Nobelpreisträger, sondern viele der besten Wissenschaftler würden sofort in die USA abwandern. Wenn dann die Personalbedürfnisse der Wirtschaft erfüllt seien, gingen eben nicht mehr die besten in die Politik. Es sei jedoch nicht damit Genüge getan, wenn wir die Erfolgsgesellschaft Schweiz verwalten, sondern wir müssten wieder eine Leistungsgesellschaft werden.

Eine derart klare Analyse aus dem Bundesrat erstaunt und ehrt die Magistraten. Erst daran zeigt sich, wie schwer und beinahe unlösbar die Aufgabe ist, die Schweiz in die Zukunft zu manövrieren. Wir haben ein Volk, das nur zu einem Drittel der Zukunft geneigt ist, Parteien, die wenig handlungsfähig sind, Medien, die ungenügend informieren und einen Veränderungsdruck von aussen, der nicht zu eigenen Veränderungen führt, sondern verdrängt wird.

Der «Fahrplan für die Zukunft» des Landes führt zu einer Annäherung an Europa und einen EU-Beitritt. Die Neutralität des Landes soll gewahrt bleiben, wenn auch nicht ganz klar ist, wem gegenüber die Schweiz neutral bleiben soll, wenn wir im politischen Kraftfeld der USA stehen. Die direkte Demokratie und andere Volksrechte, die heute ohnehin ungenügend wahrgenommen werden, sollen nach Möglichkeit bewahrt bleiben. Die Übernahme der EU-Höhe des Mehrwertsteuersatzes ist nur noch eine Frage der Zeit. Unsere Banken, vor allem die Grossbanken, bereiten sich bereits auf eine Zeit nach dem Bankgeheimnis vor. Sie arbeiten heute schon überwiegend in Ländern, wo es ein Bankgeheimnis nach Schweizer Art nicht gibt.

Eine der grössten Sorgen des Bundesrates ist es, die Schweiz könne in einer Welt voller Veränderungen in Vergessenheit geraten. Der Ausverkauf der Schweizer Wirtschaft dürfe nicht zu weit gehen, weil sonst die Zukunft des Landes in seiner heutigen Form nicht mehr gesichert sei.

Die Bündnisse zerbrechen

Zwei Begriffe, mit denen das Volk nie viel anfangen konnte, waren bisher für die Schweiz wichtig und werden zunehmend beschworen (was ein Beweis dafür ist, dass sie in Frage gestellt sind): Konkordanz und Kohärenz. Übereinstimmung und innerer Zusammenhalt sind bessere Ausdrücke, um zu kennzeichnen, was die Schweiz braucht und jetzt verliert. Die Übereinstimmung zwischen den gesellschaftlichen Gruppen ist in den letzten zwanzig Jahren – mit sich beschleunigendem Tempo – zerbrochen.

Der innere Zusammenhalt ist ins Wanken geraten; er ist gefährdet.

Natürlich wollen dies die derzeit meinungsbildenden Gruppen nicht wahrhaben, beziehen sie doch ihre Legitimation daraus, dass sie nicht nur für ihre eigenen Interessen Partei ergreifen; sie vertreten zwar auch nicht die Interessen des ganzen Volkes, aber immerhin diejenigen einer Mehrheit. So werden von allen meinungsbestimmenden Organisationen die Prinzipien der Konkordanz und der Kohärenz weiter beschworen, Fetischen und Totemfiguren gleich, die längst begonnen haben, ihren magischen Zauber zu verlieren.

Beschworen wurde das Schweizer Bündnis zuletzt in den Jahren vor dem Zweiten Weltkrieg, vertieft in den Jahren des Krieges, wo der nationale Mythos der Selbstbehauptung geschaffen wurde. Dies entsprach zutiefst der zwinglianischen

Haltung Zürichs und der calvinistischen Genfs, der zufolge der Gute auch materiell belohnt wird.

Wieso zerfiel das Bündnis? Es ist schwer zu sagen, wann ein Niedergang einsetzt, weil viele Elemente dabei eine Rolle spielen. Eine wichtige Rolle spielte die erste Erdölkrise zu Beginn der siebziger Jahre, als das Schweizer Nachkriegs-Wirtschafts-Empire einen ersten Höhepunkt erlebte. Es kam zu einer ersten, wenn auch harmlosen Arbeitslosenwelle, die durch den Abbau der Anzahl von Gastarbeitern für die meisten Schweizer praktisch ohne Folgen blieb. Dennoch: Der Glaube an den ewigen Fortschritt war gebrochen. In der Schweiz kam es zu ersten mässigen Verteilungskämpfen, die sich vorwiegend in Randzonen der Wirtschaft, in der Textilindustrie und bei den Taxifahrern abspielten. Einige Berufskategorien begannen zu stagnieren; erstmals wurden auch Führungskräfte zurückgestuft, wenn man ihnen keine Leistungssteigerung mehr zutraute.

Die siebziger Jahre waren nur das Vorspiel zu den dramatischen Ereignissen der neunziger Jahre auf dem Arbeitsmarkt. Dem Normalschweizer fiel dies eigentlich gar nicht auf. Er konnte, wenn er ein wenig schneller, intelligenter als der Durchschnitt arbeitete, weiter Karriere machen. Während nur Randzonen der Wirtschaft schwächer wurden, waren die Zentren der Macht noch im fast ungebremsten Aufstieg begriffen. Wenn Unternehmen stagnierten, lag dies mehr an überforderten Managements als an der allgemeinen Situation. In solchen Fällen reagierten die Kapitalgeber schnell, indem auch bei wichtigen Unternehmen rasch Änderungen vorgenommen wurden. Beispiele dafür waren die Schweizerische

Kreditanstalt, die im Fall Chiasso Kontroll- und Führungs-schwächen zeigte, und der Nahrungsmittelkonzern Nestlé, der eine Wachstums- und Glaubwürdigkeitskrise erst durch einen Managementwechsel an der Spitze beheben konnte. Sonst war die Welt noch weitgehend in Ordnung.

Die zweite Ölkrise Anfang der achtziger Jahre und ein für viele überraschender Inflationsschub brachten die heile Welt der Nachkriegs-Schweiz erneut ins Wanken. Staatliche Brems-manöver und Ankurbelungsprogramme wechselten sich im-mer rascher ab. Das von den USA ausgehende Finanz- und Börsenfieber brachte vielen Banken und Unternehmen, die zusammen mit Anwälten und Beratern ein Going public wag-ten, grosse Gewinne. Firmenzusammenschlüsse waren an der Tagesordnung. Die Schweizer Wirtschaft zeigte fiebrige Sig-nale, die – wiederum – die tüchtigsten Managements heraus-forderten, die schwächeren Firmen wie grosse Teile des Ma-schinenbaus, eine Schweizer Traditionsbranche, aber in neue Schwierigkeiten brachten.

Dies löste in der eidgenössischen Innenpolitik erste Schwä-chezeichen aus. Die bürgerlichen Parteien, an der Spitze FDP und CVP, hielten die zunehmenden Spannungen nur aus, in-dem sie immer neue Begriffe für einen immer unbefriedigen-deren Zustand schufen. Die Spitze des Erfolgs schaffte schon früh die Formulierung «Mehr Freiheit, weniger Staat», mit welcher die FDP 1979 einen grossen Wahlsieg erreichte. Sie führte damals den ersten modernen Wahlkampf der Schwei-zer Geschichte, indem sie ihre Kräfte zusammenfasste, auf einige Themen fokussierte und sie dem Wähler zugkräftig an-bot. Dem äusseren Optimismus, der verbreiteten Aufbruchsstimmung, entsprach die Stimmung in der Partei überhaupt nicht. Sie war vielmehr von Unsicherheit und Auseinandersetzungen gekennzeichnet. Die nach aussen gezeigte Einheitlichkeit begann sich aufzulösen. In dieser Zeit zerbrach auch das Bündnis zwischen der wirtschaftlichen Oberklasse und den bürgerlichen Parteien. Die Unternehmen, immer unzufriedener mit den Leistungen der bürgerlichen Politiker, begannen allmählich, den auch bisher nie grosszügigen Geldhahn zuzudrehen. Eine alte Unternehmergeneration, die zum Teil selbst politische Erfahrung aufwies, trat ab. An ihre Stelle kamen Söhne oder Manager mit einer weit geringeren Bindung an die Parteien, als sie die Gründer aufwiesen. Geradezu gravierend war diese Entwicklung bei den Schweizer Banken, wo innenpolitisch aktive Präsidenten zurücktraten und Bankmanager folgten, die zur Schweizer Innenpolitik wenige oder nur unglückliche Beziehungen hatten. Politik wurde an einige wenige Manager oder Politiker delegiert, die man in die Verwaltungsräte holte. Das Bündnis, das zum Aufstieg der Schweiz so viel beigetragen hatte, zerfiel rasch.

Es zerbrach auch die Beziehung zwischen den Schweizer Unternehmen und ihren Mitarbeitern. Die Schweiz kannte zwar nicht die japanische Praxis, dass man einen Mitarbeiter nicht entlässt, aber in der Wirklichkeit des Arbeitslebens durfte sich ein Arbeiter oder Angestellter darauf verlassen, seinen Arbeitsplatz behalten zu können, wenn er nicht den berühmten «goldenen Löffel» stahl. Diese stille Übereinkunft löste sich ganz einfach aus zwei Gründen auf:

Immer mehr Unternehmen veränderten sich, wurden verkauft, gaben ganz auf oder gingen ins Ausland. Die Folge waren laufende Veränderungen in der Unternehmenskultur und an den Arbeitsplätzen. Die Berufsarbeit wurde zum Job, zur rasch verfügbaren Teilzeitarbeit. Immer mehr Mitarbeiter wurden demotiviert, übten sogar stillen Widerstand aus. Sprunghaft wuchsen die Programme zur Motivierung der Mitarbeiter.

Der Weg ins Ausland, den viele Schweizer Unternehmen seither gegangen sind, bedeutete nichts anderes als die Auflösung des Vertrags mit der Heimat. Für Unternehmen gibt es heute keine Heimatländer mehr, sondern nur noch Standorte mit unterschiedlichen Vor- und Nachteilen. Dies gilt in hohem Masse auch für die Konzerne, welche höchsten Nationalstolz verkörperten, zum Beispiel für die gescheiterte Swissair, die Informatiker in Indien beschäftigte.

In dieser Entfremdung zwischen Unternehmen und Staat mit negativen Auswirkungen für das ganze soziale Gefüge des Landes liegt auch die Ursache für die unglückliche Diskussion über den EWR- und EU-Beitritt der Schweiz. Die grossen Konzerne brauchen die Freiheiten Europas auch dann, wenn sie heute längst den ganzen Weltmarkt im Auge haben. Europa ist immer noch der wichtigste Absatzmarkt der Schweizer Wirtschaft; die in der Schweiz tätigen Konzerne brauchen den Zugang zu diesem Markt, wollen sie nicht hinter die Konkurrenz zurückfallen.

Ganz anders die mittelgrossen und kleineren Schweizer Unternehmen. Sie haben Angst vor dem Wettbewerb mit den erstarkten Europäern und versuchen, Zeit zu schinden. Es darf auch nicht daran gezweifelt werden, dass dieser wirtschaftliche Mittelstand – das können Konzerne mit Milliardenumsätzen sein – dem Land mehr verbunden ist als die Konzernleitungen von Nestlé, ABB oder Roche. Diese spielen nicht nur Grösse, sondern auch Macht aus. Nicht zu Unrecht befürchten die weniger leistungsfähigen Unternehmensleitungen, sie würden bei einer zu raschen Öffnung des Marktes einfach hinweggefegt. Geld ist ein scheues Wesen. Weil die grossen Unternehmen dem Standort Schweiz derzeit wenig Wachstumschancen geben, verlagern sie die Produktion in alle Welt. Asien, Indien, China, Mexiko und Brasilien sind «in».

Zerbrochen sind auch die Bündnisse der Linken. Nicht erst die Auflösung der Sowjetunion brachte die Krise. Vielmehr treiben Sozialdemokraten und Gewerkschaften schon lange auseinander. Die Sozialdemokraten sind eine Partei ohne Arbeiter, denn diese sind in der Mehrzahl Ausländer, die nicht stimmberechtigt sind. Weil die sozialdemokratische Partei die Ausländer nicht integrierte und ihnen keine politischen Rechte verlieh, beraubte sie sich ihrer Grundlage, machte den Schweizer Arbeiter zu einem der teuersten der Welt und entwickelte sich zu einer Partei von Lehrern und anderen Staatsangestellten, die unter dem Mantel der sozialen Gerechtigkeit in erster Linie ihre eigenen Interessen verfolgen. Die Gewerkschaften konnten dem nicht ganz folgen und blieben den Arbeitnehmern treu. Diese verloren aber die Lust an kollektiven Organisationen und suchten den individuellen Aufstieg, mit dem es heute fast vorbei ist.

Die Gewerkschaften suchten viele Wege nach vorn, solidarisierten sich mit allen Minderheiten und verloren den Kontakt zum Schweizer Mittelstand. Jetzt suchen die Sozialdemokraten politischen Anschluss an die bürgerliche FDP.

Vorerst kam es nur, wie in der Drogenfrage und bei den Altersrenten, zur punktuellen Zusammenarbeit, aber die FDP, selbst geschwächt, entzieht sich nur widerwillig dem Liebesangebot von links.

Welche Koalition ist zerbrochen, wenn die staatstragenden und regierungsgewohnten Freisinnigen langsam nach links abdriften? Es ist diejenige zwischen der FDP und der SVP. Die ehemalige Bauern- und Gewerbepartei, die Schweizerische Volkspartei, schiebt sich, von Zürich ausgehend, als neue bürgerliche Alternative in den Vordergrund. Sie ist Regierungspartei, also Mitglied der regierenden grossen Koalition, aber gleichzeitig auch Oppositionspartei, die sich neoliberaler Formulierungen und Vorgehensweisen bedient, um die Koalition zu sprengen, der man zu wenig Stärke zutraut, um die Schweiz in die Zukunft zu führen.

Die Zürcher SVP, intellektuell lange Zeit angeführt von zwei Zürcher Milliardären, hat aus der Bauernpartei eine neuliberale Kampftruppe gemacht, die heute schon sehr intensiv die Schweizer Innenpolitik nach rechts abdrängt. Intellektueller Widerstand ist kaum vorhanden, materieller schon gar nicht. Setzt sich diese Entwicklung fort, wird die SVP zur neuen FDP. Diese aber bildet unter dem Vorwand ihrer radikalliberalen Frühvergangenheit mit der SPS eine neue Mittelinks-Partei. Die CVP wird unter diesem Druck zermahlen und liefert die fehlenden Stimmen für die beiden neuen Blöcke. Die übrigen Parteien verlieren ihre Legitimation und werden zu Zuträgern der Macht für die neuen politischen Schaltzentralen.

Dieser sich anbahnende innenpolitische Gezeitenwandel

ist im Augenblick nur eine Möglichkeit, der aber eine höhere Wahrscheinlichkeit nicht abgesprochen werden kann.

Das derzeitige politische System der Schweiz ist noch tripolar, aber als solches geschwächt. Es beruht auf einer an Bedeutung verlierenden alten bürgerlichen Mitte, einem rotgrünen Block, der ausserordentlich instabil ist, und einem erstarkenden nationalkonservativen Flügel. Wenn dieser unter der Führung von Christoph Blocher, einer politischen Ausnahmeerscheinung, in die politische Mitte schwenkt und die Schweiz damit auch nach Europa hineinführt, wird sich das tripolare politische System der Schweiz in ein bipolares verwandeln. Unter diesem Ansturm von rechts zerbricht derzeit schon die CVP. Sie wird sich in einen rechten und einen linken Flügel aufspalten. Der linke Flügel wird sich einer dann in Entstehung begriffenen Koalition von FDP und SP anschliessen. Damit hat die Schweiz ein echtes Zweiparteiensystem, die Schweizerische Volkspartei für den konservativ-rechten Flügel und die (nennen wir sie so:) Freisinnig-Soziale Partei für den linken Flügel, den amerikanischen Demokraten oder «bloody liberals» sehr vergleichbar.

Gegen eine solche Entwicklung stemmt sich im Augenblick nur die freisinnige Rechte, der alte Wirtschaftsfreisinn, der heute in National- und Ständerat praktisch bedeutungslos geworden ist. Mangels geeigneten politischen Nachwuchses weigern sich die grossen Schweizer Unternehmen, die Parteien über das Nötigste hinaus zu finanzieren und beschleunigen damit die Krise des Freisinns. Die derzeitige Parteiführung hat die Gefahr erst in jüngster Zeit erkannt und sucht den Abstand zur sozialdemokratischen Partei wieder zu vergrössern. Diese aber klammert sich an die Freisinnigen, weil auch die führenden Sozialdemokraten erkannt haben, dass sie längst Bürgerliche geworden sind.

Der Einzige, der noch treu zu den Prinzipien der bestehenden Schweiz steht, ist der Schweizer Bürger; ihm fehlen die Alternativen. Er beteiligt sich zwar immer weniger an den Wahlen, weil er die Entwicklung nicht versteht. Er kann sie auch kaum verstehen, weil ihm die Parteien, um ihren Selbsterhalt kämpfend, ein völlig falsches Bild der Lage vorspiegeln. An Sachbestimmungen nimmt der Schweizer Stimmbürger wieder fleissiger teil, weil er spürt, dass es um etwas geht. Seine Treue zum Staat hat er in seltener Art und Weise bewiesen, als er für die Einführung der Mehrwertsteuer stimmte. Damit bewilligte er sich eine Kostenschlinge, die er sich jedoch gerne um den Hals legte, um seinen Staat, den er aus guten Gründen verteidigt, zu retten. Immer weniger Schweizern gelingt es jedoch, sich selbst zu retten. Und der Staat hilft ihnen nur wenig.

Gibt es ein Mittel gegen das Zerbrechen der Bündnisse, das gleichzeitig ein Zerbrechen der bisherigen Schweiz bedeutet? Wenn der Geist die Materie bestimmt, gibt es das Mittel der Einsicht, der Führung und der Überzeugung. Dazu bräuchten wir Schweizer einen neuen Niklaus von der Flüe oder einen neuen General Guisan. Diese sind weit und breit nicht in Sicht.

Auch ein Christoph Blocher, der die Gemüter heftig bewegt, ist noch weit davon entfernt, ein nationaler Retter zu sein. Im Augenblick zieht er, aus durchaus egoistischen Gründen, erst einmal die Bremse, um die Schweiz nicht zu öffnen. Er ist eigentlich eine Fortsetzung des deutschen Studentenführers Rudi Dutschke, der 1968 als Führer der «Ausserparlamentarischen Opposition» auf die Frage, was er mit der Schweiz vorhabe, wenn er in Deutschland die Regierung übernommen habe, antwortete: «In die Schweiz schicken wir die Alten und die Reichen.» Eine Schweiz, die sich nach Blocher'schen Prinzipien mit einer Igelmentalität einschliesst, wird am Ende nur noch einige Alte und einige Reiche ernähren können. Dann werden noch mehr Tina Turners und Phil Collins in ihren Villen am Zürichsee und Genfer See leben, aber Unternehmen wird es dann schon seit einiger Zeit keine mehr geben.

Wenn jedoch die Materie den Geist oder die Philosophie bestimmt, steht der Schweiz eine schwierige Phase ihrer Geschichte bevor. Dann wird aus der heutigen Bedrohung eine reale Gefährdung werden. Diese Gefährdung wird verursacht durch die erheblichen Schulden, welche die reiche Schweiz seit über zehn Jahren aufbaut. Sie wird gesteigert durch die wachsende Steuerlast, welche die Folge einer wenig angemessenen nationalen Geschäftsführung ist. Die soziale Frage betrifft dann nicht nur die Jugend, die Arbeitslosen und die Gastarbeiter, sondern ebenso die Alten, deren Renten nicht mehr gesichert sind, es sei denn um den Preis neuer Schulden.

Dann ist die Schweiz mehr gefährdet als ein zahlenmässig grösseres Land. Sie kann sich eine Staatskrise weniger leisten als ein grosser Nationalstaat. Des Schweizers Schweiz stirbt den gesellschaftlichen Tod. Heute ist schon jeder fünfte Schweizer ein Ausländer. Wenn die Schweizer sich keine Kinder mehr leisten können, wenn die jetzige Generation an Schweizern im nächsten Jahrhundert ausstirbt, dann wird es bald keine «echten» Schweizer mehr geben. Die Schweiz wird ein Land ohne eigenes Volk sein. Dieser Weg ist noch lange, aber er wird, wenn die Schweiz diese Richtung weiterverfolgt, von vielen Auseinandersetzungen begleitet sein. Der Name von Wilhelm Tell wird dann ebenso vergessen sein wie der von General Guisan. In paradoxer Art und Weise wird dann Wirklichkeit, was als Zeichen bei der Weltausstellung in Sevilla an der Wand stand: «La Suisse n'existe pas.»

Die Schlüsselfrage: Wem vertrauen?

Das demokratische Schweizervolk, dem von seinen Vätern derart viel Macht verliehen wurde, steht vor der Beantwortung einer Schlüsselfrage: Wem kann es vertrauen bei der Gestaltung seiner Zukunft? Gibt es noch Volksvertreter, die in erster Linie seine Interessen vertreten, oder sind die sich selbst verantwortlichen Parlamentarier längst eingebunden in Hierarchien und andere Abhängigkeiten, die sie daran hindern, ihre Verantwortung gegenüber ihren Wählern wahrzunehmen? Vertreten die Parteien die Interessen des Volkes oder sind sie nur noch Transmissionsriemen für andersartige Interessen? Wem dient eigentlich die Verwaltung? Dem Staat, wenn ja, welchem Staatsziel? Wer gibt dieses vor? Und der Wähler selber, wer ist das? Ein pensionierter SBB-Angestellter oder Bankbeamter, die Angst um ihre Rente haben? Die Frauen, welche Angst vor Ausländern haben? Der Inhaber der Malerwerkstatt oder eines anderen Handwerksbetriebs, der vor allem Aufträge von seiner Gemeinde oder dem Kanton will? Oder der Bankier, der Politikern einen 300 000-Franken-Job anbieten kann, wenn Politiker zuvor richtig abgestimmt haben?

Der normale Schweizer Wähler und Stimmbürger hat kaum noch eine Möglichkeit, die Zusammenhänge zu erkennen und richtig zu bewerten. Sein Nachbar, mit dem er dies am Stammtisch bespricht, weiss auch nicht mehr. Das politische Verständnis des Volks reduziert sich auf Vorurteile. Je besser Parteien und Bundeskanzlei das Management der Abstimmungen und Wahlen beherrschen, je mehr sie sich politische Grosswetterlagen oder Vorurteile des Volks zunutze machen, umso «besser» fallen die Abstimmungsergebnisse für die Regierenden aus.

Die Parteien informieren selten vorurteilslos, auch wenn sie dies gerne behaupten. Sie haben politische Ziele und Klienten, deren Interessen sie vertreten. Das Volk soll mithelfen, dies zu verwirklichen und dem als richtig Erkannten möglichst nicht im Wege stehen.

Deshalb sind die Wahlkämpfe, mit Ausnahme jener der SVP, derart trostlos geworden. Keine Partei will wirklich einen Wahlkampf führen, solange die eigene Klientel an die Urne geht. Eine Beteiligungsuntergrenze ist nicht definiert. Es genügt eine einzige Stimme Vorsprung, um in höchste Ämter gewählt zu werden. Es geht nicht um Demokratie, es geht um diese einzige Stimme.

Die Medien als wichtigste Informationsträger können nur als Entscheidungshilfe dienen, wenn man die Kunst beherrscht, ihre Haltung zu kennen und die Kommentare zu interpretieren. Es hilft meist wenig, alleine auf die Meinungen einzelner Verlage und ihrer Reaktionen abzustellen, weil die Grosszügigkeit der Verleger, Meinungsfreiheit zu gewähren, durch den Ehrgeiz ihrer Chefredaktoren und Journalisten relativiert wird. Der direkte Zugang zu wichtigen Politikern ist viele kleine Geschenke im redaktionellen Teil wert. Und die Magistraten haben gelernt, mit der Ware Information und Zugang gut umzugehen. Wer es mit ihnen verdirbt, wird hartes Brot essen.

Dieses Szenario ist nur deshalb nicht bedrückend, weil es für den erfahrenen Bürger eine Fülle von Zugängen zur politischen Wirklichkeit gibt. Kein Bundesrat, keine Partei ist heute in der Lage, alle Informationskanäle zu sperren. Das ist die gute Seite der Demokratie.

Wer auf die kommenden wichtigen Wahlen als Wähler mit seiner Stimme oder seinem Engagement Einfluss nehmen möchte, tut gut daran, einige Regeln zu lernen, wie der «double talk» der Politiker entziffert werden kann. Einige Beispiele aus der jüngsten Zeit mögen dabei behilflich sein.

Beginnen wir mit dem Bundespräsidenten des Jahres 2001, Moritz Leuenberger, der den Kaviar-Sozialismus in unserem Land so unübertrefflich vorgelebt hat. Wer hinter seine Maske zwischen Mittelscheitel, Edelklamotten, Luxusuhr und dickem goldenem Fingerring vordringen wollte, wurde bei dummen Fragen mit «Scheisse» abgeschmettert. Wagte es jemand, seine Verkehrspolitik infrage zu stellen oder seine Entscheidungskompetenz grundsätzlich zu hinterfragen, musste den eleganter formulierten Vorwurf der «alltäglichen Interessenpolitik» schlucken. «Hohn und bösen Spott» gegen seine Person mochte er schon gar nicht vertragen. Dafür soll es der Bürger hoch bewerten, wenn er mit dem tschechischen Präsidenten Vaclav Havel auf dem Rütli steht, der gleiche Vaclav Havel, dessen Volk verarmt und der keine Qualitätszeitung von Bedeutung mehr zulässt. Treffen sich hier offensichtlich gleiche Geister? Wie viel höher sind die Worte eines solchen Magistraten zu bewerten, wenn er zur Verantwortung für die benachteiligten Regionen des Globus ausruft. Solche Anrufe sind beste sozialdemokratische Tradition seit über hundert

Jahren und haben wenig bewirkt. Der Wähler weiss dies wohl, aber was soll er tun?

Wenn Sätze wie «Ich habe einen Ort des Grauens angetroffen» (nach dem Brand im Gotthard-Tunnel) und «Warum schon wieder? Warum schon wieder bei uns? Hat das denn nie ein Ende?» (nach dem Crossair-Absturz in Bassersdorf) bereits zu den intellektuellen Spitzenleistungen gezählt werden, woran vor allem die Boulevard-Medien schuld sind, dann ist es um die Intellektualität unseres Landes nicht mehr gut bestellt. Es gibt in der Welt, welche die Sozialdemokraten so gerne im Mund führen, wöchentlich schlimmere Orte das Grauens, und die Fragen nach dem Crossair-Absturz können höchstens als populistisch bezeichnet werden. Der Wähler weiss, dass der nächtlich missglückte Anflug auch Folge der Verkehrspolitik dieses Bundesrats war und der verunglückte Pilot sich schon manches Stückchen geleistet hatte. Die Frage nach dem «Warum schon wieder bei uns?» lässt sich damit zu grossen Teilen beantworten.

Der Umgang mit den Aussagen von Politikern will gelernt sein. Bundesrat Pascal Couchepin mochte sich am Jahresende nicht mehr richtig an alle Unglücke erinnern und subsumierte sie unter «Zug, Gotthard-Tunnel etc.». Ebenso unscharf ist der gerne von ihm benutzte rhetorische Hebel «die Schweiz zu mehr Optimismus zu bewegen». Damit ist er immerhin etwas vorsichtiger als sein Vorgänger Dölf Ogi, dessen «Freude herrscht» seine Amtszeit nicht überdauerte. Wer vom Wähler ständig Optimismus verlangt, ist meist geneigt, ihm viel und meist wenig Erfreuliches zuzumuten. Wenn Couchepin hinterlegt: «Wir können ohne Angst und mit

Selbstvertrauen in die Zukunft gehen», meint er damit wohl die Bundesräte mit einem Jahreseinkommen von über 400 000 Franken, wohl aber kaum die demonstrierenden Mitarbeiter der alten Swissair oder die SBB-Lokführer, die unter Überstunden – mit allen Risiken – ächzen, weil dort die Personalpolitik versagte.

Ob er bei den Wahlen im Herbst 2003 die politische Rechnung bezahlen muss, werden die Wähler entscheiden. Politiker setzen jedoch gerne auf die Vergesslichkeit des Volkes, das deren Rechnungen bezahlen muss.

Bundespräsident Kaspar Villiger, ein Ex-Unternehmer, der sich gerne für das Gemeinwesen einsetzt, mindestens 20-facher Millionär (vorsichtig geschätzt), gibt sich wesentlich bescheidener als sein gestylter Vorgänger Moritz Leuenberger, der sich als Anwalt hochdienen musste. Villiger nennt seine Wahl zum Bundesrat Zufall, was auch zutrifft, da nach dem Rücktritt von Elisabeth Kopp innerhalb der FDP verzweifelt ein Unternehmer als Nachfolger gesucht wurde. Einzige Spielregel: Er durfte nicht aus Zürich kommen. Damit war Kaspar Villiger gesetzt und musste sich nur gegen den parteiinternen Konkurrenten Franz Steinegger durchsetzen, der damals noch in wilder Ehe mit seiner heutigen Frau zusammenlebte, was zu jener Zeit seine Erfolgschancen erheblich schmälerte. So wurde Kaspar Villiger Bundesrat, versprach dem Volk viel, unter anderem die Sanierung der Bundesfinanzen von den Defiziten seiner Vorgänger, was ihm gründlich missglückte. Villiger ist kein Internationalist, um das Mindeste zu sagen. Er beklagt die wachsende Zahl von Ausländern im Management grosser Schweizer Unternehmen, weil diese «oft wenig Sinn für das Milizsystem haben». Villiger vergisst gerne, dass er ohne den Österreicher Franz Humer, CEO von Roche, weniger Geld für seine Crossair-Sanierung erhalten hätte und der Deutsche Helmut Maucher die Nestlé gerettet hat.

Immerhin besteht Villiger darauf, dass es nicht sein Zuger Nachbar Rainer E. Gut war, der die Investoren zur Sanierung der Crossair zusammenbrachte, sondern er selber es war, der Daniel Vasella und Andreas Leuenberger (economiesuisse) überzeugte. Wenn Politiker es heftig ablehnen, zum Filz zu gehören, wie dies Villiger tut, dann darf der Wähler nicht vergessen, dass Villiger ohne die Unterstützung dieses Filzes nie in den Bundesrat gewählt worden wäre und dort nicht hätte regieren können.

Die politischen Formulierungskünste eines derart hohen Magistraten kommen auch an Beispielen zur Geltung wie der Villiger'schen Erläuterung, was die FDP vor über zwanzig Jahren unter dem berühmten Slogan «Mehr Freiheit, weniger Staat» verstanden habe. Nicht, wie das ganze Volk seinerzeit glaubte, weniger Staatswirtschaft und mehr Privatwirtschaft, sondern, so Villiger: «Der Slogan bezog sich damals auf die Grenzziehung zwischen Staats- und Privatsphäre.» Welcher Wähler von heute vermag derartigen Feinheiten der politischen Interpretation zu folgen?

Auch Kaspar Villiger als neuer Bundespräsident verspricht Überraschungen. Reagiert er bisher auch nicht unwirsch mit einem sozialdemokratischen «Scheisse» auf für ihn unmögliche Fragen, so gestattet er sich doch feinsinnigere Begriffe wie «Das ist Unsinn», oder «Blödsinn» in ähnlichen Situationen. Verhält er sich so relativ erfahrenen Journalisten gegenüber, lässt dies auf auf den Wissensstand schliessen, der die Bundesräte von ihrem demokratischen Volk trennt.

Ohnehin scheint hier eine der Hauptschwierigkeiten zu liegen, als aufrechter Demokrat überhaupt noch zu Wort zu kommen. Wir wissen zu wenig. Der Normalschweizer hat keine Vorstellung mehr davon, was «in Bern» vor sich geht. Was er erhält, sind von der Verwaltung mit Unterstützung der Bundesräte hergestellte virtuelle Bilder der politischen Wirklichkeit, die eigentlich gar keine sein sollte. Daraus, und vor allem mit Unterstützung einer absolut überwiegenden Zahl der Medien, bezieht er sein Wissen über die Vorgänge in seiner Hauptstadt. Politische Fachbücher, die Hintergrundwissen vermitteln, sind mit einer Auflage von 5000 Exemplaren schon sehr erfolgreich. Es sind nur absolute Minderheiten, welche sich dieses Wissens bedienen.

Deshalb sind die öffentlichen Diskussionen der Bundesräte und anderer Politiker ein Hohn auf die Demokratie. Nur ganz Mutige stellen überhaupt eine Frage, nur extrem Mutige eine Zusatzfrage. Wer sich meldet, wird mit einer gekonnten Antwort abgespeist und praktisch nie eine Zusatzfrage wagen. Er würde als Zwänger gelten und wäre bald der Blamierte.

Wer meint, diese Techniken würden sich alleine auf die Politiker der Bundeshauptstadt beschränken, irrt. Offiziell werden in Bern alleine in der Bundesverwaltung über 150 Informationschefs und Medienbeauftragte gezählt. Die Zahl der mit Kommunikationsaufgaben Beschäftigten, sei es auch nur für die Formulierung einer Drucksache oder die Gestaltung einer Website, geht an die Hunderte. Die Kantone sind weniger gut ausgestattet, ahmen aber die Berner Praxis eifrig nach.

Noch kleiner als Bundespräsident Kaspar Villiger macht sich der sozialdemokratische Zürcher Regierungspräsident Markus Notter. Er legt auf diesen Titel, den ihm das Volk verliehen hat, überhaupt keinen Wert. Notter macht sich in guter Manier so klein wie möglich, damit ihm der Waldmann-Effekt erspart bleibt: vom Völk geköpft zu werden. Gerne plaudert er über seine Versuche, trotz Coq au vin, einer seiner sozialdemokratischen Lieblingsspeisen, abzunehmen oder der Verbesserung seiner Kleiderausstattung, bei der seine Partnerin ihn berät. Auf die Frage, ob er mit dieser auch gemeinsame Kinder möchte, antwortet der Zürcher Volkspräsident, das sei nicht möglich, weil man sonst eine vollamtliche Kinderfrau beschäftigen müsse. Welches Vorbild an staatspolitischer Weisheit! Nun weiss jeder Wähler, weshalb auch er keine Kinder mehr will. Er kann sich dies noch weniger leisten als sein Regierungspräsident, der mit Partnerin das hedonistische Leben der zeitgenössischen Schweizer führt. Was morgen kommt, ist gleichgültig. Solche sozialen Zustände zu formulieren, gilt bei den demokratisch gewählten Magistraten, wo auch immer, schon als überaus gefährlich. Wo käme die Schweiz denn hin, wenn man einmal mit den Politikern wirklich abrechnete?

Natürlich schliesst auch ein Markus Notter nicht aus, er könne einmal Bundesrat werden. Es ist wohl kaum anzunehmen, er werde sich dann seinen Kinderwunsch, den er für die Schweiz als Ganzes gerne formuliert, persönlich leisten können.

Offensichtlich ist es mit der Politik zunehmend wie mit der Religion. Nicht das Wissen ist für den Demokraten entscheidend, sondern der Glaube daran, die von ihm zu wählenden Politiker würden dann auch zum Vorteil seiner Familie oder der Zukunft des Landes handeln. Zumindest die vergangenen zwanzig Jahre mit rasch ansteigenden Defiziten und sinkenden Leistungen für die Bürger in vielen Bereichen bieten dafür keinen Beleg.

Lohnt es sich, Quereinsteiger in die Parlamente zu wählen, die den politischen Filz aufbrechen? Wie die vergangenen fünfzig Jahre beweisen, bringt dies nichts. Ein Pfarrer Sieber als EVP-Nationalrat hat ebenso wenig bewirkt wie ein Paul Günter, der vom Landesring der Unabhängigen zu den Sozialdemokraten überschwenkte. Die politische Macht liegt in der Struktur, vor allem der Verwaltung, wenn sie politisches Gespür hat, und in der Triage Bundesrat, Parteipräsident, Fraktionspräsident. Elegante Vorstösse einzelner Parlamentarier sind immer möglich, aber sie dienen mehr der individuellen Karriere und politischen Pflichtübungen im Umfeld des Lobbyings als einem echten Dienst am Volk.

Wer dies als übertriebenes Misstrauen interpretiert, liegt falsch. Die einseitige Informationspraxis, wie sie sich über Jahrzehnte in die Parlamente eingeschlichen hat, begünstigt die Annahme der schlimmstmöglichen Variante. Wer über die Jahre blickt, dem wird auch nicht entgehen, dass die Rechenschaftsberichte der Parlamentarier, sei es auch nur in Form von 1.-August-Reden, an Quantität und Qualität nachgelassen haben. Es ist offensichtlich nicht mehr die direkte Begegnung mit dem Wähler, die wichtig ist, sondern die indirekte mit Hilfe des Fernsehens. Wer im Fernsehen ein gutes persönliches Bild abgibt, wird meistens das Vertrauen des Volkes gewinnen. Ein vitales Aussehen, eine gute, aber nicht zu aggressive Reaktionsfähigkeit vor der Kamera, sind heute vielerorts die Schlüssel für die Gewinnung des Vertrauens. Dies gilt vor allem für nationale Auftritte oder die Behandlung nationaler Fragen. Natürlich leugnen die Politiker aus den geografischen Randzonen des Landes diesen Mechanismus. Doch zu oft habe ich in den TV-Studios erlebt, wie sie sich bei den Programmleitern darüber beklagten, zu wenig eingeladen zu werden.

Das gute Bild, welches ein Politiker von sich zeigen muss, ist heute ein wichtiger Erfolgsfaktor. Politiker passen sich den Bildschschirm-Gewohnheiten an, wie am konsequentesten Ueli Maurer, der SVP-Präsident. Bekannt ist auch der Fall einer Innerschweizer Parlamentarierin, die, obwohl sehr attraktiv, während der Sendung laufend an Einschaltquote verliert, weil sie recht nichts sagend zu plappern gewohnt ist. Das goutieren auch die nicht sehr verwöhnten Fernsehzuschauer nicht. Der optischen Attraktion, sei dies Frau oder Mann, muss auch eine inhaltliche folgen. Noch funktioniert diese echteste Form demokratischer Selektion.

Woran sind demokratische Politiker zu erkennen?

Der einfachste Weg, die demokratische Haltung eines Politikers zu erkennen, ist es, ihn an seinen Leistungen zu messen. Es wäre aber wenig ausreichend, ihn nur an den Themen festzumachen, die er dem Wähler freiwillig anbietet, zum Beispiel Finanzen, Soziales, Aussenpolitik. Die Politiker müssen auch daran erinnert werden, dass es Grossthemen in unserer Gesellschaft gibt, denen sie sich nicht verweigern dürfen, wollen sie dem Volk, wie im Eid versprochen, richtig dienen.

Welches sind die Grossthemen der kommenden 300 Tage, die das politische Tagesgeschäft überdauern? Es sind dies erstens die Ideen der Sicherheit nach aussen wie nach innen und zweitens die des Aufbruchs in neue Gebiete. Es kann den nachfolgenden Generationen nicht zugemutet werden, in den Zoccoli, die Bundespräsident Kaspar Villiger des Abends so gerne trägt, in die Zukunft zu stolpern. Die Jugend braucht Luft und Raum für die Abenteuer einer eigenen Entwicklung. Seit zwanzig Jahren bejammern wir den immer schlechteren Bildungs- und Wissensstand grosser und wachsender Teile des Nachwuchses. Offensichtlich haben alle Parteien bisher kein Rezept gefunden, die Budgetverschwendung für Bildung ohne Ergebnisse zu bekämpfen. Eine wuchernde Schul-Bürokratie wird davon gut genährt, aber ein Drittel aller Jugendlichen lebt auf einem Bildungsstand, der katastrophal ist.

Das dritte Grossthema ist die psychische Befindlichkeit der

Bevölkerung. Die berufsmässig optimistischen Politiker vergessen in ihrem Wohlstand (ein National- oder Ständerat verdient für seinen politischen Halbtages-Job über 100 000 Franken per annum und bald bedeutend mehr), dass grosse Teile ihres Wahlvolks vor wesentlich schlechteren Aussichten stehen. Viele Menschen haben Angst, sind depressiv und werden in der Folge aggressiv. Auf diesem Gebiet bedarf es der Analyse und der Handlung, auch auf die Gefahr hin, dass die missliche Lage des Landes und seiner Bevölkerung noch deutlicher wird.

Das vierte Grossthema ist die Wiederkehr der Religionen, wie dies in Frankreich, den USA und andernorts zu beobachten ist. In der Schweiz sind das katholische Episkopat und andere Religionsführer seit Jahren praktisch verstummt. Sie haben sich in ihre Kirchenpaläste zurückgezogen, leben von der staatlich gesicherten Kirchensteuer und überlassen ihre Gläubigen auf der Strasse den in grosser Zahl auftretenden Sekten. Politik und Kirche müssen wieder ein gemeinsames Programm finden, und sei es auch nur, um den Menschen wieder ein Fundament zu verleihen. Dies gelingt nur dann, wenn Kirchenführer und Politiker in ihren zivilen Partnerschaften, welcher sexueller Neigung auch immer, jene Verantwortung vorleben, die sie so gerne auf der Zunge führen.

Das fünfte Grossthema ist das Verhältnis der Schweiz zur Welt. Welche Rolle wollen wir darin spielen? Wie und wo treten wir auf? Wer achtet darauf, dass dies auch in einer Form geschieht, welche dem Land nützt? Ein Land wie die Schweiz, das so viele Jahrzehnte kaum Aussenpolitik betrieb, dafür die Aussenwirtschaftspolitik hervorragend entwickelte, dann den

Anschluss an die internationalen politischen Grossverbände verlor, muss sich fragen, ob es mehr als ein Lieferant von Kuckucksuhren sein will, auch wenn nicht einmal dies zutrifft.

Grossthemen haben die Eigenschaft, in den Ergebnissen oft schwer messbar zu sein. Deshalb müssen sie verkleinert, herabgebrochen werden, zu überschaubaren Themenfeldern, die bis zum Herbst 2003 relevant und erkennbar sind.

Thema 1: Stil der Kommunikation

Politische Kommunikation in der Demokratie hat immer auch mit Stil zu tun. Sie kann sprachlich wie formal eine eigene Schönheit entwickeln. Die Schweizer Demokratie hatte in der Zeit ihrer Gründung im Jahr 1848 Politiker, deren Stil ebenso effizient wie schön war. Hier deckt sich, was zur Zeit des Bauhauses von den Architekten verlangt wurde: Einfachheit und Klarheit mit Schönheit. Noch vor dreissig Jahren konnten wir in den Reden von CVP-Bundesrat Kurt Furgler etwas von dieser demokratischen Schönheit und Eleganz entdecken. Seine heute amtierenden Nachfolger zeichnen sich demgegenüber durch ein Sprachempfinden aus, das erschrecken lässt. Auch die Bundesräte Willi Ritschard und Dölf Ogi, um zwei zu nennen, die aus dem Volk gekommen sind, haben mit ihrer Klarheit und ihrem Humor das demokratische Bewusstsein formuliert, das Technokraten aus der Verwaltung mangels Liebe und Kraft zum Land, zur Demokratie und zum Bürger nicht zur Verfügung steht. Deshalb werden Politiker vom Volk geliebt, die mit Leidenschaft ihr Anliegen vortragen. Sie mögen Fehler machen, mögen sogar das falsche Programm vertreten, aber das Volk in seiner unkritischen, ja unerfahrenen Haltung jubelt ihnen zu. Schönheit ist auch politisch effizient, nicht nur im privaten Kreis, aber sie ist nicht immer demokratisch.

Thema 2: Die «Expo.02»

Sie kostet jeden Schweizer, einschliesslich aller im Land lebenden Ausländer, pro Kopf bis zum Start schon über 2000 Franken. Das sind 8000 Franken pro vierköpfige Familie zuzüglich der Eintritts-, Fahrt- und Aufenthaltskosten während der «Expo.02». Mit Sicherheit ist der Gesamtbetrag, den der Bund den Steuerzahlern dafür abverlangt, nochmals bedeutend grösser, aber die Verwaltungen mit dem Expo-Verantwortlichen Franz Steinegger an der Spitze werden sich alle Mühe geben, diese chaotische Veranstaltung in allen ihren finanziellen Konsequenzen nie offen zu legen.

Der demokratische Politiker, der sich dem Volk gegenüber verantwortlich sieht, hat vor allem zwei Verantwortungen: Er sollte darauf bestehen, dass die Kostenwahrheit hergestellt wird, und er sollte alles tun, aus Anlass dieser unvermeidlichen Veranstaltung seine persönliche Botschaft über die Schweiz heute und morgen abzugeben. Undemokratische Politiker erkennt man daran, dass sie die Ausgaben für die Expo bagatellisieren (Pascal Couchepin: «Eine Hochzeit kostet auch Geld.») und ausser einem starken Konsum von Westschweizer Weinen und St. Galler Bratwürsten sonst nichts beitragen.

Thema 3: Der faire Steuerwettbewerb

Es wird auf absehbare Zeit in der Schweiz nicht mehr möglich sein, dass jeder Bürger seinen fairen Steueranteil trägt. Dazu fehlt der politische Wille. Menschen, welche die einfache Dummheit begehen, ihrem Wohnort als Heimat treu zu bleiben, werden vielfältig nur korrekt besteuert, was einer Bestrafung gleichkommt. Eine grosse Zahl von Bürgern ist zu interkantonalen Steuerflüchtigen geworden. Sie wurden vom Staat dazu gezwungen, denn er macht nicht die geringsten Anstalten, wirklich zu sparen. Der Schweiz ging das Prinzip des sparsamen Staates verloren. Jedermann weiss dies, aber niemand, ausser vielleicht der SVP, ist willens, daran etwas zu ändern. Da die SVP bisher nur eine Ankündigungspolitik betreibt, kann sie noch nicht an ihren Taten gemessen werden, auch nicht an deren Folgen. Hier öffnet sich ein weiteres Feld.

Es gibt nur einen Weg zur Steuergerechtigkeit, das ist der Abbau des Staates in seiner gewucherten Version. Sinken die Steuern um etwa dreissig Prozent gegenüber der heutigen Marke, wird die Steuerflucht kaum noch ein Thema sein. Der demokratische Politiker wird daran erkennbar sein, ob er die Staatsleistungen zurückführt auf ein notwendiges Mass. Da sich vor allem die Staatsdiener dagegen zur Wehr setzen werden, obwohl sie sich als Diener des Volkes bezeichnen, wird dies ein fast hoffnungsloser Kampf.

Thema 4:
Der demografische Wandel
zum Alter hin

Es ist ernsthaft zu bezweifeln, ob die Produktivität der Schweiz in den nächsten zwanzig Jahren noch aufrecht erhalten werden kann angesichts einer Entwicklung, die so sicher in Gang geraten ist wie der Sonnenauf- und -untergang.

Es ist die Entwicklung zur Überalterung des Landes. Wer wird die Büros und letzten Fabriken noch betreiben, wer die alten Schweizer in den Heimen versorgen? Der Kampf um den besten beruflichen Nachwuchs ist schon heute voll entbrannt.

Es ist nicht so, dass wir keine klugen jungen Menschen mehr hätten, aber wir haben zu wenige davon. Die sich als echt schweizerisch betrachtende Bevölkerung zieht sich zusehends in private, berufliche und kulturelle Reservate zurück, während im ganzen Land Gebiete entstehen, die bereits zu über dreissig Prozent von Ausländern besetzt sind. Das gibt eine andere Kultur als die bisherige, die schweizerische. Machtpolitiker erkennt man daran, dass sie Eingrenzung betreiben, diesen Vorgang «managen» wollen. Wichtig bleibt die Superiorität des echten Schweizertums, dem andere zu dienen haben. Die Zahl der Begegnungszonen wird erhöht, die Zahl echter Begegnungen bleibt fraglich.

Demokratische Politiker sind daran erkennbar, dass sie die echten Schweizer Werte fördern und durch Innovation verteidigen, gleichzeitig aber offen sind für das Beste und Demokratischste an den Ausländern im eigenen Land, die ihnen helfen, das Land lebenswert und demokratisch zu erhalten. Wie die Schweiz aus einer europäischen Mischkultur entstanden ist, muss sie nun, unfreiwillig, Vorläuferin einer europäisch-globalen Mischkultur werden. Es sind die Politiker, die den Anstoss geben müssen. Schaffen sie es nicht, wird das Land eine gesellschaftliche Verkarstung bisher ungekannten Ausmasses erleben. Die reichen Altschweizer werden sich in teure geschützte Zonen zurückziehen und grosse Gebiete des Landes den Neuschweizern überlassen. Diese werden mit den weniger reichen Schweizern einen Kampf um die materiellen und geistigen Ressourcen führen. Welten von Hass und Nationalismus werden die Folge sein.

Thema 5: Der Beitritt zur EU

Der grösste EU-Gegner der Schweiz, Christoph Blocher, macht seine Partei, die SVP, bereit, den Übergang der Schweiz zur EU an der Spitze mitzugestalten. Der Beitritt der Schweiz ist unausweichlich. Deshalb ist die Bundesverwaltung sehr energisch darum bemüht, die Schweiz EU-fähig zu machen. Abgesehen von innenpolitischen Aufgaben ist es derzeit wohl die wichtigste Funktion der Bundesverwaltung, die Schweiz nach Brüssel zu führen. Was macht dieses politische Ziel so unausweichlich?

Der eigentliche Grund liegt in der Performance des Landes. Sie ist keineswegs mehr so gut, wie dies in früheren Jahrzehnten war. Die Verschuldung nimmt zu, die Kennzahlen der Schweiz gleichen sich denjenigen Europas an.

Der zweite wichtige Grund ist die erfolgreiche Internationalisierung vieler wichtiger Unternehmen des Landes. Von Jahr zu Jahr ist weniger wichtig, sich nach aussen abzuschotten. Bald werden die Umstellungsschwierigkeiten kaum noch von Bedeutung sein.

Der dritte Grund ist der Koordinationsdruck der EU auf die Schweiz. 375 Millionen EU-Bürger haben andere Vorstellungen von ihrer Zukunft als 7,2 Millionen Schweizer (einschliesslich der Ausländer in der Schweiz). Sie sind auch immer weniger willens, bei allem Respekt vor der historischen Leistung des Landes dessen Vergangenheit als immer währende Gegenwart zu zementieren. Deshalb steuern Bundesrat und Bundesverwaltung einen klaren EU-Kurs. Die Schweiz hat in Brüssel noch etwas zu bieten. Was müssen demokratische Schweizer in dieser Stunde verlangen? Sie dürfen von den EU-Europäern verlangen, dass diese ihre eigenen Dossiers korrekt aufarbeiten. Sie dürfen auch ihre Dienste anbieten, damit dies rasch möglich wird. Dazu gehört entscheidend die Einwanderungspolitik, wo die Schweiz heute schon ein – unfreiwilliges – Beispiel an Fortschrittlichkeit ist.

Sie müssen in Brüssel verlangen, dass wirtschaftliche und gesellschaftliche Fragen miteinander verhandelt werden. Die Schweiz hat eine fortschrittliche Konsumentenpolitik, misst man dies am Durchschnitt der Praxis der EU-Staaten. Es darf nicht mehr sein, dass Schweizer und andere europäische Konzerne sich an Schweizer und europäischen Konsumenten ungerechtfertig bereichern, wie dies in vergangener Zeit häufig geschehen ist.

Sie müssen verlangen, dass die fünfzehn – und bald mehr – EU-Mitglieder kohärente Institutionen aufbauen, die auf nationaler und regionaler Ebene die Brüsseler Prinzipien auch durchsetzen. Die EU hat grosse Defizite in der Privatisierung der Wirtschaft, im Wettbewerbsrecht und in der Durchsetzung ihrer Beschlüsse auf vielen Ebenen. Hier hat die Schweiz eine grosse Aufgabe, die sie aufgrund ihrer Erfahrungen auch lösen kann.

Sie müssen verlangen, dass die Entscheidungsfindung und Durchsetzung in den Brüsseler Behörden mehr an den nationalen und regionalen demokratischen Erfordernissen ausgerichtet wird. Qualität, Transparenz und Effizienz der Umsetzung einer bürgernahen Brüsseler Politik können gerade von Schweizern gefördert werden.

Wenn die Schweizer Parteien die psychologische Barriere der beiden getrennten Wege, die in Wirklichkeit gar nicht getrennt sind, einmal durchbrechen, gibt es auch keinen Grund, das eigene Land nicht EU-kompatibel zu machen. Wie die bilateralen Gespräche zeigen, werden die Verhandlungen immer aufwendiger und immer teurer. Demokratie wagen heisst auch, sie aufzubauen, nicht im Einzelgang, der ohnehin keine Zukunft hat, sondern zusammen mit einem demokratischen und erfolgreichen Europa.

Thema 6:
Die Zusammenarbeit mit den Medien

Demokratische Politiker machen sich nicht zu Sklaven der Medien, sondern wissen klug mit diesem zeitgemässen Instrument umzugehen. Eine funktionierende Medienvielfalt, über welche die Schweiz bis heute verfügt, ist die wichtigste Grundlage zur Information einer demokratischen Bevölkerung.

Die Medien dürfen weder der Landesregierung noch der Verwaltung noch den Parteien und Politikern dienstbar gemacht werden. Nur fairer und kritischer Journalismus ist eine Garantie für eine lebendige Demokratie. Die Verleger haben die Verantwortung für die Qualität ihrer Medien. Der Bundesrat muss darauf achten, dass die SRG nicht zu einem Staatssender wird, dessen aufklärerische Funktion langsam verloren geht. Die Journalisten sind zur Weiterbildung anzuhalten. Dies betrifft sämtliche Bereiche der Gesellschaft, nicht nur die Politik. Wenn ausländische Journalisten in die Schweiz berufen werden, sind sie mit den Besonderheiten des Landes, vor allem auch seiner demokratischen Legitimation, umfassend vertraut zu machen. Es ist sonst die Gefahr nicht auszuschliessen, dass diese ausländischen Journalisten zu publizistischen Scharfschützen zur Förderung der Auflage missbraucht werden und damit Werte vernichten, die eminent schweizerisch sind.

Die Politiker müssen sich mit den Medien intensiv vertraut

machen, weil sie sonst wie Fische sind, die das Wasser und seine Gefahren nicht wirklich kennen. Die vielen bisherigen Medientrainings haben auf einer qualitativ höheren Stufe stattzufinden, wo es nicht alleine um Technik und Gags geht, sondern um die Vermittlung demokratischer Wirklichkeit.

Wer dieses fordert und umsetzt, darf sich demokratischer Politiker nennen, der das Vertrauen seiner Wähler verdient.

Der Traum von einer besseren Schweiz

Diese mehrstufig formulierte Überschrift, der Traum von einer besseren Schweiz, kann in vielen Varianten gelesen und verstanden werden. Wer jetzt richtig entscheiden will, muss sich für eine von drei möglichen Varianten entscheiden.

Der Traum von einer besseren Schweiz in der Variante eins ist der seit über hundert Jahren vom Volk und seinen Führern geträumte: Eine Schweiz, die sich positiv abhebt von den Wirren und Überheblichkeiten der Deutschen, vom inneren Anpassungszwang der Österreicher, von der Wechselhaftigkeit der Italiener, Spanier und Franzosen. Diese Schweiz, die sich als ein besserer Staat für seine Bürger sieht, als dies andere Regierungen ihren Bürgern bieten konnten oder wollten, ist heute noch in den Köpfen der meisten über Vierzigjährigen lebendig. Ihre Schweiz ist eine bessere Schweiz, weil sie ein Internationales Rotes Kreuz hat, weil ihre Bürger mehr als andere spenden für die Armen in Ländern der Dritten und Vierten Welt, weil man sich aufgeschlossener weiss gegenüber Menschen aus diesen Ländern, die in die Schweiz kommen und oft auch bleiben. Diese Schweiz der Reinen und Guten, der Caritas und der Sammelaktionen für die Unglücklichen dieser Welt, bezieht ihre Kraft aus einem Selbstverständis der Gleichheit und der gegenseitigen Verantwortung. Raub, Diebstahl und Betrug sind Fremdwörter in dieser Welt.

Die Variante zwei des Traums von einer besseren Schweiz

reicht tiefer. Sie kommt aus dem idyllischen Mythos der Landesgründung, wo sich die aufrechten Landleute gegen eine Fremdherrschaft zur Wehr und durchgesetzt haben. Natürlich entspricht dies nicht der historischen Wahrheit, aber es ist bezeichnend, dass dieser Mythos bis heute zum Prinzip des eigenen Gewehrs im Schrank überlebt hat. Hier begegnen sich die aufrechten Schweizer, die sich selber die Senkrechten nennen, mit den US-Amerikanern, die durch ihre Befreiungskriege den gleichen Gründermythos geschaffen haben. Dieser Traum von einer besseren Schweiz beruht auf den Prinzipien der Gleichheit, der Gerechtigkeit – und der individuellen Verantwortung nicht nur für ein reduziertes Single-Leben, sondern auch für das Wohlergehen einer eigenen Familie in einem funktionsfähigen Staat. An dieser besseren Schweiz haben während 700 Jahren Tausende von Intellektuellen gearbeitet und damit in einer auch heute noch tief verankerten Volks-Elite ein Bewusstsein der Eigenständigkeit geschaffen, das ein Recht an sich ist. Es ist dieser Traum einer besseren Schweiz, der heute ein Argument gegen einen EU-Beitritt des Landes darstellt. Es ist aus dieser Sicht fraglich, ob die EU jemals einen Zustand an Freiheit und Wohlstand erreichen wird, wie dies die Schweizer für sich geschaffen haben. Und mehr als dies: Ob die EU-Bürger in einem 500 Millionen Menschen zählenden Europa diesen Grad an Mitbestimmung bewahren können, wie ihn sich die Schweizer erworben haben, scheint auch Optimisten mehr als fraglich, sehen sie die Praxis der Eurokratie.

Es wäre falsch, den Traum von einer besseren Schweiz alleine auf Vergangenheit und Gegenwart zu projizieren, denn es gibt in einer dritten Variante auch den Traum von einer besseren Schweiz in den kommenden Jahrzehnten und Jahrhunderten. Wenn Europa und die Welt, unter welcher Führung auch immer, in chaotischen Kriegen versinken, sollte dadurch die Schweiz kraft ihrer Erfahrung und Neutralität durch Souveränität Abstand bewahren können, gewissermassen Hort der Erinnerung an eine mögliche ideale Menschlichkeit sein, wenn sie andernorts zerfallen ist. Es ist ein Traum von nietzschehafter Einsamkeit, der aufscheint in den Büchern von Adolf Muschg und in einer proletarischen Tiefland-Version auch bei Peter Bichsel erkennbar ist. Diese bessere Schweiz bleibt den Zeitläufen gleichsam entrückt und schwebt über den Wolken der globalen Niederungen. Sie wird aber gelebt in den einsamen Villen des Engadins, der Waadt und des Wallis.

Ist es möglich, dass es sich bei der Schweiz, wie sie heute noch lebt und wahrgenommen wird, um die letzte Staatsutopie der Welt handelt? Jetzt, wo alle Utopien zerfallen sind, die Geschichte nach Francis Fukuyama einen Schlusspunkt erreicht hat, sollte die Schweiz wirklich die letzte lebende Utopie sein? Die Welt selber bewegt sich in einen cybertechnologischen Zustand hinein, der die Kontrolle aller durch wenige erzwingt. Wo eine Weltmacht, die USA, entscheidet, gegen wen sie Kriege eröffnen darf und gegen wen sie das nicht tun will.

Die menschliche Geschichte kennt etwa 3000 Utopien, von denen wenige auf kurze Zeit wirklich, aber alle nach einiger Zeit vernichtet wurden. Die Schweiz hat sich selber nie als Utopie gesehen und vielleicht deshalb den Taumel der europäischen Geschichte überlebt.

Die englische Politologin Barbara Goodwin hat erst vor zehn Jahren, 1992, in ihrem Buch «Justice by Lottery» den utopischen Staat Aletoria vorgestellt und als Modell gegen Unfähigkeit und Korruption propagiert. Aletoria ähnelt der heutigen und idealen Schweiz in vielem. Das Los entscheidet über Führungspositionen. Ist das bei uns wirklich anders, wo man Bundesrat per kantonalem oder Sprachzufall wird? Im Staat Aletoria werden auch Richter, Lehrer und Polizisten per Los ausgewählt. Ist dies weit entfernt von der Schweizer Praxis der politischen Wahl hoher Beamter? Sie müssen sich alle zwei bis fünf Jahre zur Wiederwahl stellen. Das gilt gerade in der Schweiz für viele wichtige Positionen. Auch «Unersetzbare» müssen in Aletoria alle fünf Jahre körperlich arbeiten. Das war früher so in der Schweiz, wurde aber durch die hohen Pensionen für Regierungs- und Bundesräte ausser Kraft gesetzt. Wie sehr in der Schweiz die guten Sitten der Väter zerfallen sind, zeigt der ehemalige Bündner Regierungsrat Peter Aliesch auf, der ohne nennenswerte Funktion am Amtstisch sitzen blieb, um seine volle Pension zu retten. Das sind überdeutliche Zerfallserscheinungen der Schweizer Demokratie.

Die Staatsutopie Schweiz als letzte der Welt geht wahrscheinlich auch deshalb langsam zugrunde, weil die Selbstständigkeit der Staaten selbst zu Ende geht. Der Philosoph Norbert Elias wollte die Staatsutopien schon vor sechzig Jahren in Weltutopien aufgehen lassen. Es beweist die Widerstandskraft der Utopie Schweiz, wenn sie heute noch lebt. Ohnehin ist Zweifel angesagt, ob es nicht zu früh ist für eine Weltutopie. Immanuel Kant sah den Menschen «aus zu krummem Holz geschnitzt», um dafür geeignet zu sein. Der Königsberger Philosoph warf den Menschen vor, sie seien faul und feige, zu selbstsüchtig und ohne kritisches Denkvermögen. An dieser Messlatte zeigt sich, zu welchen Leistungen die Schweizer demokratischen Utopisten des 19. Jahrhunderts bis zum heutigen Tag fähig gewesen sind. Sie verzichten noch heute auf einen Teil ihres Wohlstands, um ihn ärmeren Gemeinden und Kantonen zukommen zu lassen. Sie haben die Rechte der Starken beschränkt und den Einfluss der Schwachen gestärkt, dies alles mit dem Ziel, die Schweiz als selbstständig zu erhalten.

Erst seit dreissig Jahren bricht dieser nationale Konsens ernsthaft zusammen. Die Schweizer Weltkonzerne Nestlé, Novartis und ABB betrachten die Schweiz nicht mehr als ein besonderes Land («Ende des Sonderfalls»), sondern nur mehr als einen Standort unter vielen auf dem Globus. Die reichen, oder besser neureichen Schweizer vom Typus eines Ernesto Bartarelli, Martin Ebner oder Christoph Blocher schaufeln Milliardenvermögen in Rekordzeit unter Nutzung aller Steuertricks. Obwohl niemand weiss wofür, nicht einmal die Aktionäre dieser Manager, sind jetzt Jahreseinkommen von fünf bis zehn Millionen Franken und mehr keine Seltenheit mehr. Bundesräte und Politiker lassen sich ihre Jahreseinkommen, die auch im europäischen Massstab ausgezeichnet sind, in aller Stille erhöhen.

Aus dem Land der relativ Gleichen ist langsam ein Land der Gierigen geworden. Seit die Staatsutopie Schweiz verblasst, gibt es auch keinen Grund mehr, Rücksicht auf andere zu nehmen. Jeder rafft, wie er kann und nennt dies seine staatsbürgerliche Verantwortung.

Ist damit der Traum von einer besseren Schweiz ausgeträumt? Der deutsche Schriftsteller Joachim Fest hat in seinem Buch «Der zerstörte Traum» angesichts des Falls der Berliner Mauer und des Sowjetimperiums bereits vom Ende des utopischen Zeitalters gesprochen. Mit dem Sowjetregime, zitiert ihn der Wahlgenfer Alfred Zänker, sei die letzte grosse Bastion der Utopien gefallen. Karl Popper, der die letzten Jahre seines Lebens im Tessin lebende Verkünder der «offenen Gesellschaft», hatte sich schon früher gegen Utopien gewandt: Ahnte er nicht, dass er selber in einer Utopie lebte, als er für eine Politik der kleinen Schritte plädierte, wo man die Lage der Menschen verbessern müsse und nicht die Menschheit erlösen? Sicher war für Sir Karl die Schweiz ein Vorbild in vielem. Er konnte die jüngste Entwicklung nicht mehr beurteilen.

Die Schweiz war ohnehin in ihrer Geschichte immer voller utopisch ausgerichteter Menschen. Hans Waldmann, der kurzzeitige Zürcher Volksdiktator, dessen Standbild heute noch auf der Münsterbrücke zu besichtigen ist, wurde als Diktator geköpft. Henri Dunant, der Schöpfer des Internationalen Roten Kreuzes, wollte eine Weltdemokratie schaffen und endete im Armenhaus. Die Schweiz war bis in die Gegenwart voller Träumer, Erzieher und Philosophen, welche sich selbst, die Gesellschaft und die Welt zum Besseren verändern wollten.

Es ist von ihnen so wenig geblieben wie von Thomas Morus, dem Autor von «Utopia», der dem König den Eid verweigerte und dafür auf das Schafott stieg. Campanella, der spanische Utopist, schrieb seinen «Sonnenstaat» während einer 27-jährigen Kerkerhaft. Zweihundert Jahre träumten die utopischen Sozialisten, beginnend mit Louis-Sébastian Mercier und Robert Owen von Gemeinwesen ohne Barbarei. Mit H. G. Wells, Oswald Spengler und Aldous Huxley traten die schwarzen Utopisten auf die Bühne und lieferten den notwendigen Realitätsschock.

Nicht unbeschwert, aber sehr selbstbewusst, bauten die Schweizer in diesen Jahrhunderten ihre Alpen-Utopie aus. Sie arrangierten sich mit den Mächten Europas und der Welt, vermieden eine eigene Aussenpolitik, um ja nicht aufzufallen, und überstanden sogar den Kalten Krieg ohne «Big Brother». Der Überwachungsstaat in der Schweiz nahm nie jene Ausmasse wie in anderen Ländern an und wurde, als es darüber zu einer innenpolitischen Krise kam, aus politischen Gründen masslos übertrieben.

Es waren, welche Überraschung, Sozialisten und Sozialdemokraten, die der Utopie Schweiz die schwersten Schläge versetzten. Sie vernichteten den Mythos der Selbstständigkeit des Landes, schlossen sich einem flachen Internationalismus an, der eigene Staatlichkeit als halben Landesverrat betrachtete, und wirkten so mit an der Zerstörung der Fundamente ihres Landes.

Heute ist die Utopie Schweiz, als letzte Staatsutopie überhaupt, kurz vor dem Scheitern. Es fehlen die Politiker, welche diesem Traum alemannischer und keltischer Stämme nochmals die Kraft zu vermitteln vermögen, die es zu seiner Erhaltung bedarf.

An seine Stelle tritt die politische Science-fiction-Welt, wie sie auch andernorts als individuelle Kurzzeitlösung zur Aufhebung von Konflikten angeboten wird. Diese virtuellen Rauschwelten passen sehr gut zu einem Entscheid des Parlaments, in der Schweiz nun den Haschisch-Konsum straffrei zuzulassen. Wo früher Äcker bearbeitet, steile Berghänge bewirtschaftet oder in Fabriken wertvolle Maschinen für den Weltmarkt produziert wurden, wird nun der «in»-Kultur freien Lauf gelassen, wo man kurze Zeit «high», später aber umso länger ziemlich tief unten ist.

«Die Wirklichkeit ist die aufregendste Utopi», sagten die Erben der Blumenkinder der berauschten siebziger Jahre des vergangenen Jahrhunderts. Die Schweiz ist im Begriff, diese aufregendste Utopie zu verlassen und einzutreten in ein globales Weltbürgerdasein für die reicheren Stände. Finis terra.

Wer diese Version des Endes der bisherigen Schweizer Geschichte und deren Einmündung in die globale Welt-Konsumgesellschaft der «pax americana» als zu düster oder voreilig empfindet, mag das Beispiel eines Volkes zum Vergleich heranziehen, das, ebenfalls am Rande Europas gelegen, viel für Europa getan hat, um dann seine gestalterische Kraft zu verlieren: Schottland.

Die Schotten hatten hundert Jahre vor der Schweiz, zu Beginn des 18. Jahrhunderts, den Sprung in die Moderne geschafft. Sie haben bis Ende des 19. Jahrhunderts, über gut 150 Jahre, grosse Beiträge geleistet, die heute in Vergessenheit geraten sind. Schottland war, wie die Schweiz, arm, klimatisch benachteiligt und zum Teil übervölkert. Die Schotten mussten Englisch lernen, um sich auszudrücken, was den Philosophen David Hume nicht hinderte, die geistigen Fundamente des modernen Menschen zu formulieren, seinen Wunsch nach Anerkennung, damit seine Leidenschaften zu positiven Beiträgen für die Gesellschaft werden. Der Schotte Adam Smith hat die Prinzipien der freien Märkte erstmals formuliert. James Watt hat die industrielle Revolution ausgelöst durch die Erfindung der Dampfmaschine. Robert Adam schuf die neoklassische Architektur, welche die englischen Stadtbilder auszeichnet, und John McAdam erfand die geteerten Strassen.

Es war die Universität Edinburgh, welche die modernsten Ärzte ihrer Zeit ausbildete, welche die klinische Beobachtung verlangten, um den Krankheiten auf die Spur zu kommen. Die Namen der Ärzte Richard Bright, Thomas Addison und Thomas Hodgkin sind heute noch mit den gleichnamigen Krankheiten, denen sie die Namen liehen, verbunden.

Es waren Schotten, die nach der amerikanischen Revolution Kanada, Australien und Neuseeland entwickelten. Sie wollten die Einheimischen auf den zivilisatorischen Stand der englischen Gesellschaft bringen. Tommy Dewar und John Walker entwickelten die Malz-Whiskeys, welche die Schweizer Bars noch heute bestücken. Andrew Carnegie, der amerikanische Stahlkönig, war ein Schotte.

Wieso gelang dies einem derart kleinen Volk aus Einöden, noch schlimmer als die Schweiz sie zu bieten hat? Die Schotten verschmolzen ihre traditionelle Kultur, auf die sie heute noch stolz sind, mit der englischen, die ihnen von den Königen in London aufgezwungen wurde. So blieben sie bis heute Schotten und nutzten die grösseren Möglichkeiten, welche ihnen der von Grossbritannien geschaffene Weltmarkt, das British Empire, bot.

Ist dies auch ein Weg für die Schweiz aus ihrer selbst gewählten Isolation? Kann sie schweizerisch bleiben, ohne europäisch-global vernichtet zu werden? Das Schweizervolk hat wenig Führung in dieser Frage. Die Bankiers wollen die Isolation, um mit den Monopolgewinnen im Heimatmarkt globale Abenteuer zu wagen. Das Gewerbe und die mittleren Unternehmen wollen keine ausländische Konkurrenz, die ihre Absatzreviere stört. Die Politiker pflegen ihr Utopia, lassen aber die Beamten einen sanften Übergang in die neue europäische Welt vorbereiten.

Pessimismus –
oder gibt es eine Chance?

Der Generalverdacht des Pessimismus wird dem Verfasser nicht erspart bleiben. Jedoch ist er völlig ungerechtfertigt.

Pessimist kann nur genannt werden, wer einen früheren oder heutigen Zustand erhalten möchte und erfahren muss, dass er dazu nicht in der Lage ist. Ohne Zweifel haben die strengen Nationalisten allen Grund zu Pessimismus, denn ihre Verteidigungsstrategie des Hergebrachten ist zur Niederlage verdammt. Ohne Zweifel werden auch ein Drittel aller kleinen und mittleren Unternehmen, viele Hotels und Seilbahnen, in fünf Jahren nicht mehr existieren. Deren Inhaber und Mitarbeiter haben Grund zum Pessimismus.

Ich empfehle jedoch den Optimismus, allerdings nicht einen der blauäugigen Art, der sich morgen berichtigen muss, vielmehr einen Optimismus, der auf einer sicheren Lagebeurteilung aufbaut.

Die Schweiz hat wunderbare Menschen hervorgebracht, die in ihrem Optimismus das Land und sogar die Welt verändert haben. Ich zähle dazu einen Heinrich Pestalozzi, dessen erzieherische Anstösse heute aktueller denn je sind, einen Henri Dunant, dessen Werk unter schwachen Nachfolgern heute nicht mehr als gesichert gelten kann, einen Gottlieb Duttweiler, der von den Prinzipien der alten Schweiz ausgehend, einen attraktiven Konzern mit hoher Sozialverpflichtung schuf, die heute in Vergessenheit gerät, einen Alfred

Escher, der die erfolgreiche Schweiz der Gegenwart mitbegründete, einen Caesar Ritz, der das Leben in den Hotels der Welt schöner machte, aber auch einen Niklaus von der Flüe, dessen mystisches Erbe zu wenig gepflegt wird, einen Peter Ochs, welcher der Schweiz die Freiheit mit erkämpfte, einen Le Corbusier, einen Blaise Cendrars, einen Max Klee und General Suter, die alle ihre eigenen Schweizer Welten schufen, ohne welche die Welt ärmer wäre.

Weil die Liste der grossen Schweizer gewaltig ist, muss der Niedergang der eigenen Kultur, als Zivilisation verstanden, jedermann, der es ernst mit dem Land meint, betrüben.

Der Grund zur Übernahme ausländischer und vorwiegend US-amerikanischer Vorbilder kann für den keine Lösung sein, der die Idee der Vielfalt als Grundlage der Schöpfung verteidigt. Der Niedergang der Frühlingsfeste, wie des Zürcher Sechseläutens, zu einem touristischen Spektakel ohne sozialen Hintergrund, der Verzicht auf gehaltvolle 1.-August-Feiern, auch der Niedergang der 1.-Mai-Feiern, wo ausländische Guerillakämpfer und Terroristen als Gaglieferanten auftreten, sollte zur Besinnung Anlass geben.

Die Zukunft der verwirklichten Staatsutopie Schweiz kann offensichtlich nur bewahrt werden, wenn der Geist der Verschwendung wieder einer Praxis des Masshaltens weicht, wenn die inländische Kultur die Aneignung und Verarbeitung neuer Elemente ermöglicht und darüber in grossen Teilen des Volkes, mindestens aber einer elitären Minderheit, eine zielgerichtete Einigkeit hergestellt wird. Im Augenblick ist dies nicht der Fall. Der Übergang vom Willensschweizer zum Konsumschweizer beschleunigt eine Entwicklung, die durchaus als Niedergang bezeichnet werden kann. Gegen diese Feststellung werden sich jene zur Wehr setzen, die in ihren Gruppen das Alte und Junggebliebene bewahren. Ihnen reicht es nicht mehr zu den Festen des Volkes, denn das Schweizervolk als geschlossene Einheit, sofern dies je der Fall war, gibt es nicht mehr. Die jungen Eliten der Schweiz ziehen sich in die Feste ihrer Hochkultur zurück – für das Volk den Ballenberg und die Disco, für die Direktion das Opernhaus und die Konzertsäle der Welt. Doch Golfplätze sind mehr gefragt als geistige Orte.

In diesem Sinne wünsche ich Ihnen diese Zeilen als Anstoss für Gespräche nicht gegeneinander, sondern wieder miteinander.

Weitere Titel aus dem Orell Füssli Verlag

Die geheimnisvollen Finanzgeschäfte zwischen Ost und West

Holger Bahl

Als Banker zwischen Ost und West

Zürich als Drehscheibe für deutsch-deutsche Geschäfte

Als deutscher Banker in der Schweiz wurde Holger Bahl in politischen Fragen der damaligen deutsch-deutschen Grauzone Ende der Sechzigerjahre ein von Ost und West gefragter, akzeptierter, aber auch bekämpfter Vermittler.

Mit Gorbatschows Politik von Glasnost und Perestroika ergab sich für Bahl Ende der Achtzigerjahre die Möglichkeit der Gründung der ersten und einzigen deutsch-deutsch-sowjetischen Finanzgesellschaft und späteren Bank in Zürich. Die Schilderung seiner Moskauer Erlebnisse, vor allem beim Zusammenbruch der UdSSR und beim Putsch gegen Gorbatschow, gehört zu den eindrücklichsten Kapiteln dieses Buches.

176 Seiten, ISBN 3-280-05015-4

orell füssli

Mit Menschen aus anderen Kulturen erfolgreich kommunizieren

Thomas Baumer

Handbuch Interkulturelle Kompetenz

Jeder Mensch hat seine eigene Geschichte, sein eigenes Leben, und daher auch – in grösserem oder kleinerem Masse – seine eigene «Kultur», respektive kulturelle Zugehörigkeit.

Weltumspannende Kontakte von Unternehmen, Institutionen, Lehranstalten sowie Privatpersonen sind heute an der Tagesordnung, und die Fähigkeit, miteinander erfolgreich zu kommunizieren, ist zunehmend gefragt.

Grundvoraussetzungen dazu sind Sensibilität und Selbstvertrauen: das Verständnis anderer Verhaltensweisen und Denkmuster, aber ebenso die Fähigkeit, den eigenen Standpunkt transparent zu vermitteln; Flexibilität zu zeigen, soweit möglich, jedoch klar zu sein, wo es notwendig ist.

224 Seiten, gebunden, ISBN 3-280-02691-1

orell füssli

Anleitung zum Schaumschlagen

Rolf Fink / Karl Kälin

Topschrott

Unwahres und Falsches zu Führung und Management

Rolf Fink und Karl Kälin haben sich durch den Management-Dschungel geschlagen, Fusionen und Restrukturierungen unter die Lupe genommen, Top-Managern auf die Finger geschaut und die Abgangsentschädigungen im Verhältnis zum Betriebserfolg studiert. Aus dem Inhalt:

* Worin unterscheidet sich der Topshot vom Topschrott?
* Fusionen, Restrukturierungen und andere Experimente - oder: Wie man Organisationen von einer Schwäche in die totale Krise manövriert.
* Top Schrotts Weg - oder: Wie man es zur Niete an der Spitze bringt.
* Das Führungskräfte-Recycling durch Headhunter.
* Vom Lola- zum Löli-Prinzip.
* Warum ist die Wirklichkeit noch viel absurder, als es uns Dilbert und das Peter-Prinzip glauben machen.

Zunehmend berichten Insider und Aussteiger aus Konzernen und grossen Institutionen über interne Vorgänge, die an ein gigantisches Irrenhaus erinnern. Selbst wenn nur ein Teil dieser Schilderungen der Realität entsprechen sollte, lösen diese Realsatiren das Gefühl aus, im falschen Film zu sitzen.

176 Seiten, gebunden, ISBN 3-280-05003-0

orell füssli